朴斗鎭诗全集 3

일러두기

· 이 책은 시인 박두진 탄생 100주년을 맞아 홍성사가 출간하는 〈박두진 시 전집〉 가운데 셋째 권입니다. 《하얀 날개》(1967), 《고산식물》(1973)이 실린 《박두진 전집3—詩Ⅲ》(범조사, 1982)의 내용을 그대로 보존하면서, 새로운 판형과 표지·내지 디자인에 담았습니다. (단, 원문에 표기된 한자어 가운데 일부는 한글로 표기했고, 일부는 괄호 안에 독음을 표기했습니다.)
· 본문 뒤의 "해설"은 1982년 출간된 전집에 실린 것입니다.
· 본문에서 《 》는 저서 제목, 〈 〉는 작품(주로 시) 제목을 나타내며, 「 」는 인용구를 나타내거나 강조를 위해 사용한 것입니다.

박두진 시 전집 3

《하얀 날개》
《고산식물》

朴斗鎭 詩全集 3

홍성사

발간사

예술 작품을 통해 우리는 작가가 구현하고자 한 세계는 물론 그의 일생을 돌아봅니다. 깊은 감동과 울림 가운데 영원히 기억되며 불멸의 예술혼으로 간직되는 작품세계는 많은 이들에게 영향을 끼치며, 그 자체로 살아 있는 역사가 됩니다.

나의 아버지 박두진은 예술이 무엇이고 삶이 무엇인지에 대한 근원적인 생각을 작품을 통해 이야기하며 큰 생각과 큰 마음으로, 자상함과 여유로운 가슴으로, 맑고 순수한 그의 예술세계를 이루어 나가셨습니다.

하늘에서 쉬고 계시는 아버지에 대한 그리움을 어찌 말로 다 표현할 수 있겠습니까만, 감사하게도 우리는 작품을 통해 아버지의 시세계를 다시 만날 수 있고, 가슴에 담게 됩니다.

박두진 탄생 100주년을 맞으며 문학에 대한 깊은 애정으로 이 전집을 간행해 주신 홍성사 정애주 대표님과 직원 여러분께 감사드립니다.

2018년 3월
박영하

발간사

自序(자서)

지난 40여 년 동안의 작품을 전집으로 묶게 되었다. 지금까지의 전 작품을 일단 정리, 결산할 기회를 갖는 셈이다.

그동안 좀더 좋은 문학을 할 수 있었더라면 하는 자책과 아쉬움이 앞서지만, 이제 와서 후회를 한대도 어쩔 수 없는 일이다.

작품이란 언제나 그 작자를 떠난 독립된 대상으로서 끊임없는 역사의 심판과 엄정한 문학적 비평을 감수하지 않을 수 없는 숙명을 지니고 있기 때문이다.

무엇을 얼마만큼 어떻게 해왔는가 하는 것을 스스로 돌이켜 볼 때, 문학을 한다는 일의 어렵고 두려움을 새삼스럽게 실감한다.

이 전집은 우선 1982년까지의 작품을 장르별 연대순으로, 그리고 한 장르 안에서는 주제별 연대순의 원칙 아래 적당한 신축성을 두고 편찬했다.

이 전집의 각권을 편찬한 이후의 것과 앞으로 계속 써서 발표하거나, 단행본으로 따로 출간되는 것도 전집으로서 속간, 보충해 나갈 것이다.

우리 문학에 대한 깊은 애정과 출판문화인으로서의 뜨거운 사명감으로, 이 방대한 전집을 계획, 간행해 주시는 汎潮社(범조사) 金亨模(김형모) 사장의 각별한 후의에 깊은 감사의 뜻을 표하며, 실무진 여러분의 노고에 치하를 드린다.

1982년 4월 20일

창천동에서 박두진

차례

발간사 4
自序(자서) 6

《하얀 날개》
自序(자서) 16

I 왜 당신은 노래를 부르시지 않아요
비로소 당신 앞에 20
산에서 만난 너 22
강 24
장미 I 25
장미 II 26
장미 III 27
장미 IV 28
장미 V 29
장미 VI 30
장미 VII 32
7월의 편지 33
섭리 34

II 海碑銘(해비명)
절정 38
고와라 이 無人(무인) 邊境(변경) 40

海碑銘(해비명) 41
龍飛御天歌(용비어천가) 42
밤바다 回歸(회귀) 43
蝴蝶(호접) 45
신생대 제3기 6천만년 전 46
바다에서 만난 너 49

Ⅲ 하늘 겹겹 땅 겹겹

잔내비 52
벌레 53
넋을 팔아 54
蕭條(소조) 55
牛耳洞(우이동)에서 57
新古事(신고사) 58
벽 59
나무 60
산신령의 간 61
曠野行(광야행) 62
겨냥 63
할렐루야 64
터럭이 하얀 양이 울 때 66

除夜(제야)에 68

IV 아가야
김윤경 선생 72
아가야 75
종아리 80
옛벗 82
그대여 어찌 나를 아니 재우시나이까 83

V 부활
예레미야는 86
첫 번째 기도 87
天路歷程(천로역정) 88
新綠懺悔(신록참회) 89
귀 기울이소서 91
깃발에 말한다 94
14행 8월 99
부활 100

《고산식물》
自序(자서) 104
고산식물 I 108
변증법 109
예루살렘의 나귀 111
背叛圖(배반도) 113

林間學校(임간학교) 115
해안선 116
親和力抽象(친화력추상) 117
出陣圖(출진도) 119
邊山內海(변산내해) 雨天(우천) 121
동해 鏡浦海(경포해) 逸事(일사) 122
가을에 123
寓話(우화) 124
조용한 125
기를 단다 126
소라 127
고산식물 Ⅱ
너의 잠 130
날아가버린 새 131
4월 132
고백 133
아이들 소리 134
山水圖(산수도) 136
손 137
휩쓸려가는 것은 바람이다 139

그 강가 141
炎熱行(염열행) 142
자장가 144
凱旋(개선) 145
언덕의 바다 146
城(성) 147
인간적 인간적 148
戰碑文(전비문) 149
青磁象嵌雲鶴紋梅瓶(청자상감운학문매병) 150
緣起(연기) 150
혼자서 부르는 연가 151
소리 153
다시 밤에 155
뒷날의 기억을 위한 되풀이 156
아침 한때 157

고산식물 Ⅲ
鄕歌(향가) 160
4월, 젊음, 내일 161
별밭에 누워 164
나비의 죽음 165
가장 어질고 착한 이들의 눈에조차 166
蘭(난)에게 167
가을 산 168
예레미야의 노래 169
불사조의 노래 174

해설—날아오름과 버팀의 의지—신동욱 180

박두진 연보 192

《하얀 날개》

自序 (자서)

1963년 후반부터 최근에 이르는 약 4년간의 작품 중에서 47편을 추렸다. 《人間密林(인간밀림)》에 이어 여섯 번째 시집이 된다.

시를 써 갈수록 점점 더 어려워진다는 것은 흔히들 하는 말이지만 그 어려다는 말의 참뜻도 요즈음에 와서야 겨우 좀 터득이 가는 것 같다. 끊임없는 정신의 편력과 탐구, 피나는 시의 체험을 쌓아감에 따라 비로소 시가 쉬운 것이 아니고 어려운 것임을 알게 되는 것 같다. 그러한 결과로 얻어지는 시의 진정한 높이, 깊이, 그 넓이와 가치, 또는 기능이나 효능과 같은, 요컨대 시의 참 要諦(요체)와 그 참 도에 이르는 깨달음이랄까 예지랄까 하는 것에 맞비례할 경우에서만, 이 말은 그 가장 정당한 의미를 갖는 것이 되겠기 때문이다.

요새와 같이 순문학 서적의 출판이 매우 어려운 사정 아래서도 이 시집의 간행을 쾌락해주신 香隣社(향린사) 張河龜(장하구) 사장의 호의에 깊은 사의를 표한다.

이 시집이 나오게 되기까지 여러 모로 협조를 아끼지 않으신 凌虛(능허), 素鄕(소향), 岩山(암산) 제형의 따뜻한 우정 또한 잊을 수 없다.

참신하고 雅趣(아취)가 넘치는 裝幀(장정)을 맡아

하신 변종하 화백의 노고와, 순전히 이 시집에 넣기 위해 많은 고심 끝에 내 얼굴 사진을 찍어 준 陸明心(육명심) 군의 정성에 대해서도 고마운 치하의 말을 아낄 수가 없다.

변변치 않은 이 한 권의 시집을 내는 데도 이렇게 많은 분들의 좀하지 않은 우의와 진정이 기울여진 것을 생각할 때 세상 살아가는 맛도 더 알고 느끼게 되는 것 같아 저절로 마음에 고맙고 흐뭇하다.

1967년 11월 20일
서울 동교동에서 박두진 씀

자서

I 왜 당신은 노래를 부르시지 않아요

비로소 당신 앞에

왜 당신은 노래를 부르시지 않아요.
서서 몰래 듣던 귀에
이끼 서리고,
안의 붉은 꽃의 층계가
무너져 내리고,
하늘에선 하얀 깃들이 떨어져 내려요.
출렁이던 아침 강이 꽝꽝 얼어요.
왜 당신은 내게로 눈을 돌리시지 않아요.
비로소 당신 앞에
당신 눈에 젖을 때,
내 전신 속속들인 황홀한 떨림,
순간이 그 영원으로 꽃버는 것을.
이 영혼 바람 부는
벌에 혼자서,
절연되어 동서남북

헤맬 양이면,
사랑이어, 이 안의 귀를 어따 열어요.
뜨거운 이 가슴의 것을 어따 뽐어요.

《하얀 날개》

산에서 만난 너

너는 하늘을 파아랗게 마시고 있었다.
너는 사슴의 아가 같은 부드러운 눈망울
낮 햇살 꿈에 불려
머리칼 날려
달아나며 달아나며 울고 있었다.
산이 너를 훌리고 싶어
산이 부르면
산이 지닌 녹색 물감 산에 물들고
바람이 너를 훌리고 싶어
바람이 부르면
바람이 지닌 파아란 물감 바람에 물들어
넘어졌다가 일어났다가 하다가
이슬 핏방울
양털처럼 잠이 들은 복사 볼이어.
산신령이 너를 안아다 너를 재우면
바람의 신령이 심술 부려
잠을 깨우고
바람의 신령이 너를 안아다 너를 재우면
숲신령이 나막신 뚝딱
너를 깨웠다.
파아랗게 은색 달빛 별이 촉촉한
풀꽃 향내 너의 꿈의
머나먼 여행

온 세상에 꽃잎 펄펄
하늘 뒤덮는
그 아침, 아침의 볕은
돌아오는 날의 잔치. 아,
그 기지개 햇살 속에 웃고 있었다.
아가처럼 너의 온 얼굴이
웃고 있었다.

《하얀 날개》

강

억만 光年(광년) 먼 밖의
은하 안침에
뜨거이 가슴 닿고 굽이치고 싶어、
새운다. 길디 길은
밤의 이 가을.
절벽은 땅의 윤리
부딪치며 휘도는、
거울 푸른 가슴 위로
흩날리는 落花(낙화)、
살처럼 박혀 오는 별의
눈짓에
어지러워 어지러워
속눈 감는다.

장미 I

디디고 올라가면
무너지는 층계
바다가 그 하늘 밑에
아찔하게 설레는
아침이어, 너의 배반
안의 넋의
피 흐름.
알았네. 나도 이젠
하나씩의 그 전율
떨어지는 우주의 진한 아픔을.
네가 지면 이 햇살 아래
목 놓아 울리.
그 하늘 층계 다 무너뜨려
꽃불 지르리.

《하얀 날개》

장미 Ⅱ

너 어찌 오늘 여기
내 앞에 있노?
영영원 옛날 그제 어딘가에서
너와 나의 이 되돌아옴 점지됐음을.
울으리. 너의 全身(전신)
희디 하얀 순수
이처럼은 새삼스러울 줄
못 알았었네.
부끄러워 바람결도 그냥 지나고
햇살도 어려워 해
그늘 곁에 비키는、
멀디 먼 빛의 나라 엉겨 내린 하얀 넋
그 여림 이슬 속에
꽃 벌었음을.
사랑이어、너 안의 떨림
잎 벌었음을.

장미 Ⅲ

흙바람 마른 우뢰
묵은 낡에 왜가리
닫힌 사립 두던 너머
목화밭 피고
산모롱이 절망 저쪽
무너지는 하늘
끊어졌다 이어가는
요령 소리
선 소리
강 아래 노을 지면
달이 솟으리
동녘 강 여울 저편
너 혼자
滿月(만월).

《하얀 날개》

장미 IV

어쩌리. 나의 앞에 너무 너는 뜨거워. 나 혼자 이렇게 좀 마음 달뜨는, 무너지렴, 무너지렴, 스스로를 꾀여내어. 입술을, 네 이마를, 네 익은 빰을 더듬어, 목아지를, 귓부리를, 눈두던을 더듬어. 장미야. 너무 뜨건 진홍 장미야. 대낮 아님 달밤에, 대낮 아님 달밤에 만 억 번 다시 사는 훼닉스처럼. 꿀집 깊이 파들어 가는 투구벌레처럼. 모르겠다. 나는 너를 짓이기겠다. 속 속들이 안의 너를 짓이기겠다. 장미야. 너 꽃장미야. 짓이기겠다.

장미 V

장미 모두 구름이 되어
하늘에 피면 좋겠다.
구름 모두 장미가 되어
땅에 피면 좋겠다.
동네마다 동네 가에 배추꽃 노랑
화안하게 하늘마다
장미꽃 피면,
천의 강 강물마다 장미 어리리.
천의 동네 연못마다
무지개 서리.
먼 옛날 어릴 때
낮 꿈 혼자 깨던
노오란 길、끝없는 길、저승길 저쪽 무서워.
그 동구 서녘 숲에
꾀꼬리 울음.
펄럭이는 저녁놀에 뻐꾹새 울음.
장미 모두 구름이 되어
하늘에 피면 좋겠다.
구름 모두 장미가 되어
땅에 피면 좋겠다.

《하얀 날개》

장미 VI

파아랗게 바다 부픈
절벽의 장미
쏟아져 내리는 햇살 함빡
옷을
벗는다.

장미는 부끄러워,
흰 목을 등을 간지르는
햇살이 장미는 부끄러워,
하늘 몰래 바다 몰래
설레는 마음,
흰 손을 손가락 펼쳐
얼굴
가린다.

바다가 절벽을 기어올라
장미를 와락
포옹한다.
조용히 입술 드는
장미 흐느낌,
바다여
바다여
꽃빛 비 울음.

먼 먼 그 하늘 오랜
꽃빛
비 울음.

쏟아져 내리는 햇살 속에
장미
몸
떨어、
장미가 바다를 부둥켜안고
절벽 뒹군다.
온 천지
햇살 훨훨
장미 꽃
진다.

《하얀 날개》

장미 Ⅶ

뜰에
햇살 내린다.
황금빛 深海(심해)로의 눈이 부신 暴注(폭주)
그 파동 빛살 속에
장미는 고독、
혼들리며 조금씩 꿈을 일구면
사색의 그 층겔 돌아
旗(기)를 올리면、
돌아오리 · 언젠가는 햇살의 나라
햇살 속의 아침의
시민들의 함성
옛날의 그 미래에로 미래에로 파닥이는
소년들의 날개의
하얀 환희여·
장미 홀로 햇살 사이
깃발 젓는다·

7월의 편지

7월의 태양에서는 사자새끼 냄새가 난다.
7월의 태양에서는 장미꽃 냄새가 난다.

그 태양을 쟁반만큼씩
목에다 따다가 걸고 싶다.
그 수레에 초원을 달리며
심장을 싱싱히 그슬리고 싶다.

그리고 바람,
바다가 밀며 오는,
소금냄새의 깃발, 콩밭냄새의 깃발,
아스팔트 냄새의, 그 잉크빛 냄새의
바람에 펄럭이는 절규.

7월의 바다의 저 출렁거리는 波面(파면)
새파랗고 싱그러운
아침의 해안선의
조국의 포옹.

7월의 바다에서는,
내일의 소년들의 축제소리가 온다.
내일의 소녀들의 꽃비둘기 날리는 소리가
온다.

《하얀 날개》

섭리

너는 바람에 불려서
흩날리고
아침 강
떠내려가는 너를 나는
굽어보고 있다.

바람에 견디다가 안깐힘하다가 지는
어짜지 못해서 떨어져 나가는
꽃자죽의 아픔,
피에 맺힌 너의 상처를
이젠 알겠다.

그 떨어져 간
빠알갛게 피가 돋는 상처를 밀고 나와
풋풋이、 그리고、
단단하게 맺혀가는 푸른 열매여.

그 열매를 싸고돌아
하늘을 바람결을 햇살을 향해
나풀대며、
합성하는 파릇한
연한 잎새들、
잎새들의 몸짓을

이젠 알겠다.
노을 비껴가고
밤바람 스쳐 불고
발밑에 흙 속에선 땅버러지 울어
강에 펄펄 떠나간 네가
바다 닿을 때면,
나는 또 다른 얼굴,
밤 강에 떠서 잠긴
달빛을 보리.
그 위에 새로 지는
꽃잎 또 보리.
무너지는 종소리.
밤새워 새된 울음.
강 멀리 희미하게
고깃배들 불빛 보여.
인제는 알겠다.
아침에 흐드러져서 꽃잎 만발한,
뜨겁게 가슴 안던
햇살들의 포옹,
마지막 네 떨던 몸짓
이젠 알겠다.

《하얀 날개》

Ⅱ 海碑銘 (해비명)

절정

저 햇살
저 바람 속
저 파도소리 속에서
너의 넋이 푸드득거려 되살아 오르기까지는
지금은 하얀 날개 외로운 죽음
푸른 바위 절정 위에
자고 있거라.
죽여도 다시 살아 하늘 날으는
죽음의 그 부리 붉은
검정새에게
싸우다가 찢기워진 피 묻은 날개
싸우다가 생채기진 둥근 가슴을
피에 젖어 가둥크린
작은 두 발을,
마지막 결별에의
떨리는 저 손짓
바다가 바람 속에 깃발 흔드는
그 햇살 그 바람 속에
자고 있거라.
언젠가는 너의 넋이 볕살 속에서
되돌아 와 싱싱하게
푸드득거릴
죽음이 너를 지켜

졸고 앉았는
하얀 날개 볕에 접고
자고 있거라.

《하얀 날개》

고와라이 無人(무인) 邊境(변경)

당신의 손바닥에
내가 누워 있다.
저 햇살은
내 관념,
혈액은
꽃의 原型(원형),
영혼의 이 感傷癖(감상벽)은
당신 오해다.
사랑이 계집종에
모닥불에
배반한
彼岸(피안)에의
꺾인 돛대
너무도 난해한 이
바다여.
이천년을 바람만 남은
사막 언덕에
나귀 귀의 호산나의
푸른 葉脈(엽맥)들.
하늘이
녹색이면
녹색 비 뿌릴
고와라이 無人(무인) 邊境(변경)
손바닥 위에 있다.

海碑銘 (해비명)

나는 왜 너를 보면 망명을 하고 싶니?

나는 왜 너를 보면 맨발로 파도를 달리고 싶니?

나는 왜 너를 보면 白鳥王子(백조왕자)가 되고 싶니?

나는 왜 너를 보면 유서를 쓰고 싶니?

나는 왜 너를 보면 이 세상 모두를 뒤집어엎고 싶니?

나는 왜 너를 보면 장미꽃 純爛(순란)한 꽃비를 보고 싶니?

나는 왜 너를 보면 하늘로 금사다리를 놓고 싶니?

나는 왜 너를 보면 천국과 지옥의 합창이 듣고 싶니?

나는 왜 너를 보면 물구나무가 서고 싶니?

나는 왜 너를 보면 또 하나 태양의 부활을 보고 싶니?

나는 왜 너를 보면 길길이 길길이 뛰고 싶니?

《하얀 날개》

龍飛御天歌 (용비어천가)

내 발 밑에는、발 밑에는、
일렁대는 초록 파도 천만 길 심연
이대로 속절없이 가라앉기는 싫여
겨드랑에 번뜻 돋는 용의 날개 황금빛
옛날에 안개 속에 햇살 속에 푸득여
아우성이 가슴을 발바닥을 찌르는
땅이어、피에 젖은 내가 사는 이 골짝
그대로 사월 한철 봄이 피라고
아침 동해 입먹음어 꽃비 뿌린다.

밤바다 回歸(회귀)

처음 쌓이던 빛의 언덕,
부푸는
아침 가슴,
나긋하고 팽팽한 포옹을
절정하던
끝없는 친화에의
밤의 저주여·
피보래 소용돌이
회오리바람이어.

달디 단 볼비빔은 길들인 배반,
속삭임은
슬픈 기만,
沸騰(비등)은 冷(냉)한 낙하,
잉태는 희디 하얀
미래에의 死滅(사멸)을 약속하는,
돌아 누워 재어보는 무한 거리여.

《하얀 날개》

無望(무망)의 그 回歸(회귀)에의
汪洋(왕양)한 안식을 지혜하던、
아직도 나긋한
첫번 아침의 파동、
겹겹한 황홀에의
장미 파열을、
그 진한 순수에의
오늘은 鄕愁(향수)·
뒤착임을、이 嗚咽(오열)을
하늘은 끝내
침묵·
먼 星座(성좌)들의 자유 항해여·
밤의 빛、이 밤의바다의
푸들대는 심장을、
스스로의 執刀(집도)의 질식을 切開(절개)하는、
밤 臨床(임상) 지켜보는
푸른 눈길들·
파도의 저 몸부림의
밤을 듣는다·

蝴蝶 (호접)

이대로 살다가 죽겠다.
벼랑에 천 길 아래 바다의 공포
혓바닥 심연에 널름거려도
전 전생 아 너와 나의 순수 이 인연
꽃 심에 빨대 박고 전신을 떤다.
이대로 살다가 죽겠다.
날개의 내 날개가루 억만 반짝임
하늘이 그 짙은 푸르름 배경해 주는
햇살이 그 따신 입김 볼 부벼 주는
네 향기 무한 蠱惑(고혹) 영혼 목마른다.

《하얀 날개》

신생대 제3기면 6천만년 전
― 鍾乳窟(종유굴) 緣起(연기) ―

아득하단다.
밀물 져 휘몰아쳐
바다 넘쳤을
신생대 제3기면
6천만년 전
그 식물 화석 무늬 꿈을
일구는.

아득하단다.
돌 젖 불어 내려 땅 아래 나라
무지개 고은 색깔
石筍(석순) 자라고,
따로 하나 마련해 온
지층 속 하늘
푸른 호수 천만년을
거울 잔단다.

돌 위에 돌 안 놓인
돌 아래 또 돌
내려가며 내려가며 높아지는 하늘에
역사 그것 무엇이리
인간 무에리.

땅 위에 나고 지는 여린
목숨들
그 위에 얼룩지는
喜悲(희비) 무에리·

고요를 無限年(무한년)을 저절로 있는
微微(미미)히 바꿔가며 스스로를
있어 온
신비 내부 너의 자궁
푸른 꿈의 궁·

아득하단다·
前生代(전생대) 살고 살고 이어 내려 온
그 목숨 무심하게 지녀
내려 온
그 오랜 신비 속에
눈이 멀어 온、
그렇단다· 우리들은 장님 굴새우、
장님거미 、 접시거미 、
프라나리아 、
딱정벌레 다슬기에

《하얀 날개》

도깨비 고비
몇 천만년 예 제대로
살아 온단다.

언젠가는 이 고장이 바다였었을
소용돌이 푸른 밀물
출렁거렸을,
신생대 제3기면
6천만년 전
지금은 땅 속 하늘 무지개 돌젖
푸른 물만 어둠 속에
고요하지만、
언젠가는 또 이곳에 바다 밀치리.
아득한 뒤 하늘 뻗쳐
무지개 서리.

바다에서 만난 너

너는 비늘고기처럼 미끈하다.

너는, 바다에서 솟아나는
무지개 사이에서 솟아나는 잊어버렸던
신화.

네 눈에는, 海底(해저)
낮과 밤의 그림자
처음 출렁거리던 때의 애띈 호흡,
영이 육신으로,
육신에 언어가 씨앗하던 아침의
햇살의 原形(원형)을 反芻(반추)한다.

너는 되돌아가려는 님프,
너는 지금 햇살과의 邂逅(해후)의 순간의
절정,

《하얀 날개》

부풀어 오르는 물보래
찰름거리는 無限量(무한량), 파도방석의
꼭대기에
올라앉은,

볼기짝, 둥근 유방, 가늘은 허리,
눈부신 脚線(각선) 위로,
녹색의 햇살
돛아오르는 피아노의 환희를
팅기는,

한낮의
오전의
꽃비늘이 내린다.

III 하늘 겹겹 땅 겹겹

잔내비

잔내비 칼 휘두른다.
꽃밭이고 소년이고 양의 떼고 없다.
피 보면 미친다는
이리 넋에 취하여
어쩌나 둘러서서 침묵하며 지켜보는
대낮 여기 잔내비 떼
칼 휘두른다.
심장을 마구 찔러 목숨 다치고
은 장식 조상이 내린 거울 깨뜨리고
꽃밭 함부로 낭자하게
개발 짓밟어
남녘에서 들뜬 바람
독 어린 발정
죽을 줄 제 모르고
칼 휘두른다.

벌레

장미 꽃 수술 파 먹어라.
능금 살 속속들이 파 먹어라.
그 장미 어느 날
가지째 쩌다가 불살리우고,
果園(과원)에 도둑 들어
능금 통째로 훔쳐가도、
어떠리. 누구、또 어디란들 어떠리.
바람결 화낭바람
어디서 불든、
그 언덕 어느 노루가
어떻게 놀다가 되돌아가든、
벌레는 장미 심장 그 속이 천지
벌레는 파들어 간、그
능금 속이면 그만이어.
장미꽃 어느 아침 땅에 죽어도、
그 능금 개아가리
개아가리에 씹혀 으깨어져도、
어떠리. 너 벌러지야 장미 파 먹어라.
어떠리. 너 벌러지야 능금 파 먹어라.

《하얀 날개》

넋을 팔아

팔 할이 노예근성 나머지는 쓸개다.
애비니 할애비니
고조니 고고조 쩍부터
북、남、동、서、
조아려 鞠躬(국궁)하고 꿇엎드려 빌어
금 은을、삼 잣을、虎皮(호피)에 처녀까지
더 심하면 피와 뼈
더 심하면 울대뼈를
아니、겨레를 조상들을 제 형제를 팔아 바쳐
오랑캐와 왜족속과 아라사와 양에게
사대근성 안끼리는 맹수같이 사나운
서로 물고 죽이다가 지쳐 망하는
제 기랄 제 기랄
강산 이리 하늘 좋고 땅 좋은 데서
무엇이냐 또 되풀이
제 정신 쓸개 던져
「세계 속의 한국」에 「일등 후진국」
남북 동서、넋을 팔아
개 살림 짜는
팔 할이 노예근성 나머지는 쑥
하늘 겹겹 땅 겹겹
피눈물 운다.

蕭條 (소조)

가라앉혀도 가라앉혀도
일어나는
치밀어오르는 가슴 속 이 불덩어리
그 불덩어리 언저리에
새벽에
띠리루루 띠리루루
비 오듯 저 귀뚜라미 소리.
먼 천년 전 혹은
더 먼 만년 전의 내 前生(전생)
이 세상에 내가 아직
태어나지도 않았을 때의
그 넋소릴까.
혹은 먼 천년 뒤
혹은 더 만년 뒤
혹은 더 아득한 영원 뒤에 다시 태일
그 때에 내가 울을 넋소릴까.
저 惻惻(측측)한 소리
자칫 내 불타는 이 가슴 속의
분노
활활한 불덩어리 식어질까 식어질까 싶어
오늘을 여기 사는

《하얀 날개》

오늘에 여기 보는
스스로 어찌 할 수 없는 이 慷慨(강개)
풋풋한
이 객기를.
천 구백 육십년대 서울 이 거리
새벽에
그이들 만일 여기 오신다면
어떠하실까
번쩍 거릴 치켜들고
태연하게 이 거리에
老子(노자)는
放糞(방분) 하실까.
어흠! 어흠! 孟子(맹자)님은 헛기침.
석가모니는 입가에
미소 조끔
坎中連(감중련)하실까.
―예루살렘아、예루살렘아、
예수님은 그렇지
날처럼 感傷(감상)하여
눈물지실까.
손구락으로 말없이
말없이 땅바닥에
글씨 쓰실까.
저、 띠리루루 띠리루루
귀뚜라미 혼령 우는 혼령 우는 새벽
비 오듯 퍼부어 예는
귀뚜라미 울음 속에.

牛耳洞(우이동)에서

아무것도 말하지 않는 것을.
속에 솟는 복받침의 고독한 呑下(탄하)
들끓음을 쓰다듬어
맹수 달래는
아무것도 눈으로는 안 보는 것을.
감아도 어릿대는
진한 血痕(혈흔)들
그냥 가면 그냥 가면 어디까지질까?
먼 옛날
아침나절
잔모래에 스미던
洞口(동구) 앞길 그 햇볕
오늘도 죄고、
자욱 자욱 밟고 넘는 牛耳(우이) 언덕 길
문득 우뚝
하늘 저만치 北漢(북한) 서 있다.
의지、 영원、
하늘 저 높이
홀로 서 있다.

《하얀 날개》

新古事(신고사)

핏빛 놀이 일제히 타오르더라.
꽃밭을 와 돼지 떼가 낭자하더라.
절벽 아랜 파도 떼가 노해 있더라.
귀신 들려 돼지 떼가 처박히더라.
바닷가는 식민지 노예 매매 하더라.
해적 떼의 취한 총이 지랄 치더라.
끽끽대며 잔내비 떼가 춤을 추더라.
휘감기는 뱀의 떼가 비늘 곱더라.
백성들의 서러운 목젖 앞에는,
문드러져 썩어가는 異國種(이국종) 肉類(육류).
피로 사는 얼룩무늬 거짓 女神(여신)의
경련하는 胃壁(위벽) 속에 불이나 활활 붙어라.

벽

부딪쳐서는 부딪쳐서는
이대로는 넘어가지지를 않는 거겠지.
그렇겠지.
스스로 아픈 힘에
꽃무늬만 해에 번져
그대로 강 흐르면 열두 오백 리
낙화가 바람 일어
오월에도 눈이 날려,
가슴으로 줄기 잇는 푸른
흐느낌、
뚫어 보는 뚫어 보는
너와 나의 歸一(귀일)을
알루강 급한 여울
여울 급한 몸부림
피엉김이 漢拏(한라) 위에
하늘 꿈길에 붕괴하는
이 천지 새까만 땅
날벙어리여.
펄렁대는 울대뼈 안의
프래카아드여.

《하얀 날개》

나무

네 줄기는 너무 굵고 억세고,
네 잎새는 너무도 풍성하고 야들야들하다
나무여.

炎帝(염제)가 나에게 그 暴威(폭위)를 무례히
강요할 제,
잠깐 나는 네 그늘에 섬약한 육신을 쉬이지만,
바람이 부는 대로 흔들리고
철새가 깃들이면, 의젓이 품에 안아 재워,
위로도 알맞게、 땅으로도 깊이、
네 몸을 지탱할 만큼의 뿌리를 박고 섰는、
비에도 번개에도 침묵과 관용、
철 따라 열매하며 실해가는 너는、

얼마나 늠름하냐 상수리나무여·
얼마나 지혜로우냐 상수리나무여·

산신령의 간

금강산
낮 까마귀
동해 바다 접싯물
백화 나무 백화 사이 골 물에 뼈를 씻는
바위 皆骨(개골) 바람 불러
開闢(개벽) 열세 곱
주검들이 일어 앉아 햇볕 쪼이고
은하 깊이 돌 脈(맥) 속에
굽이 잠겨 哭(곡)하는
밤이어、어떻게 하면 낮과 서로 만나는가?
어떻게 해야 이 이마의 鮮血(선혈)을
滿月(만월)을 내려다 씻기는가?
안개 밤에 집승 모여 내일을 음모하고
낮 볕엔 혼령들이
눈물 말리는
고와라. 서서 자는 일만 이천 봉
너와 나는 賃貸借(임대차) 이념의
핏줄 無期囚(무기수).
이놈의 산신령 간이나 있거든
白日(백일)을 펑펑 울어라.

《하얀 날개》

曠野行 (광야행)

등에다 해를 달고 북을 울린다.
아침이 아직 있어 밤으로 이어가는
한낮은 두리둥둥 문드러진 꽃방망이.

가슴을 살점 헤쳐 햇볕 말리며
심장을 가시 찔려 황토 적시며
나 홀로의 엠마오 길 고향 삼천 리.

모래벌 멀디 멀어 맨발 지쳐도
옛날이 영원으로 햇볕 흐르는
이 강산 그 모두는 절로 나고 자라리.

빈 벌판 뙤약볕에 푸른 그림자,
당신이 넌즛 비친 당신에의 그리움,
안으로 미치리까 이 절규, 이 무지개.

겨냥

이리였다가
배암이었다가
여우였다가 한다.
독이 있어
번들거려
눈알 불붙는
덤불 이쪽 이만치면
절호의 거리
절거덕 재어 겨냥을 하다가
눈물 떨군다.
떨리는 손을 그 총구멍을
눈물 떨군다.
이리 구렁인 꽃덤불 속에
홰냥질 한창
카인이 찌를 아벨의 넋이
꽃 뚝뚝 진다.

《하얀 날개》

할렐루야

어디실까
어디실까
오늘 우리들 하느님·
높디높은 天上天(천상천)이
물로 무너져、
억수 장마 번개 천둥
暴注(폭주) 끝없어、
휩쓸리는 탁류 속엔
아이들의 呼哭(호곡)·
무너지고 밑깔리고 시신 겹겹
덧 쌓여도、
히히대는 빌딩 속엔
성성이 떼들 淫奔(음분)·
시인 더러는 치마는 덩어리 스스로의 가슴에
불을 질러、
낮 지옥 이 濕地(습지)는
거머리 떼의 날라리·
原色(원색) 배암 널름대며
목을 조르는·
목을 조르는·
어디실까
어디실까
오늘 우리들 하느님·

새파란 하늘 무한 洞天(동천)
얼음 산드랗게
얼어라.
하늘 펄펄 하얀 눈발
눈이나 펑펑 내려라.

《하얀 날개》

터럭이 하얀 양이 울 때

그러나 나는 너희들을 끌어안을 수 있다.
그러나 나는 너희들과
입맞출 수 있다.
어떻게 하리, 그러나 나는 우리들의
가슴,
살아서 뛰는 너와 내 한 피가
따뜻한 것을.
하나로 모여 강으로 흐르면
바다인 것을.
으르렁거리는 붉은 눈깔
날 선 어금니
뒤로 돌아 덜미를 찢는 푸른 발톱을
어떻게 하리 그래도 나는
끌어안을 수 있다.
제비 눈깔 빤짝이는 대낮 또약볕
가시덤불도 푸섭도 아닌
백주 거리를
누구를 노려 낼름대는 붉은 헛바닥,
이 손가락
이 발가락을
따짝 독 넣는
어떻게 하리, 그래도 나는 입맞출 수 있다.
매, 해해해해, 슬픈 소리

양이 울 때는,
무찔려 가며 어질디 어진 양이
울 때는,
어떻게 하리, 나의 피는 따뜻한 강물,
하늘에 떠 있는 저 해와 달 아래
끌어안을 수 있다.

《하얀 날개》

除夜 (제야) 에

잊어버려야 하는 것을.
우리 모두
그 하루하루의,
오늘을 살아오던, 어제의 일들의 그림자를
잊어버려야 하는 것을.

눈이 내리는,
산드랗게 얼어붙는
망각의 벌판
옛날들이 쌓여져 가는 氷原(빙원) 저편에,
久遠(구원)의 망각에의 彼岸(피안) 아득히,
출렁대는 기억의 덧없는 하류
어제에서 영원으로 강물 흐르는,
강이 흐르는,

잊어버려야 하는 것을.
이제는
그 잊어버리고 싶었던 어제의 쓰라림을
잊어버려야 하는 것을.
잊어버리고 싶지 않았던 그 어제의 즐거움을
잊어버려야 하는 것을.

사랑하는 이, 그리고 또 벗,
따뜻하게 눈길 나눈 이웃들이어.
우리 모두 혼자로서는
오늘의 삶이 힘에 겨웠던,
즐거우나 쓰라리나 힘에 겨웠던,
스스로는 우리 모두 외로운 사람일 수밖에 없는
마음속에,

바람처럼, 불길처럼, 또는,
물결처럼 일고 졌던 어제의 일들,
슬프고 괴롭고 아팠던 일의,
조금씩은 행복하고 신났던 일의,
어쩔까, 아 오늘 잊어버리려는
안 잊어버리려는 안깐힘의 그믐밤이어.

눈이 내리는,
또는,
산드랗게 얼음 얼은
우리들의 地平(지평),
종 소리 뎅웅 뎅웅 가슴 때리는,

《하얀 날개》

사랑하는 이여.
가족이어.
벗이어.
이웃들이어.
오늘 모두 우리들 잔 들어야 하리.
어제에의 고별과
내일의 영접,
발돋움 한 자국씩 기다리는 일들의
언덕、
그 너머 가나안의 젖과 꿀의
福地(복지)、
저마다가 마음하는 금빛 望樓(망루)를 향하여
눈 들어 한 자국씩
걸음 옮겨야 하리.

IV 아가야

김윤경 선생

길을 걸어가다가도
그냥 집에서 딩굴딩굴 누워 있다가도
아무 때나 문득 내켜
찾아가 뵈옵고 싶은 할아버지.

하늘 먼 푸른 아래
그 산 아래 나무
정정하신 오랜 노목
넉넉한 그늘,

세상 모두 역겹고 같지 않을 때
마음 절로 쓸쓸하고
답답할 때면
날내가 나는 사람의 냄새가
싫어질 때면,

너무 높으신 하느님,
성자 예수 그리스도에게는
기도를 드리기가
계면쩍어,

그냥 하나의 인간인 나로
적적하다가,

인간의 저자를 광야처럼
방황하다가,

격한 마음
그 쓸쓸한 마음 봄눈 녹이려
얼마나 우리는 복이 있나 불행한 세대
찾아가 모실 만한 스승이 있다는 것은
얼마나 우리의 복인가.

고집 질투 악의 비열
늙어 갈수록 마음들 더 추해지는
그런 틈에서,
양의 탈을 쓴
인두겁
그런 틈에서、

언제 뵈어도 하루 같은
훈훈한 바람
언제 뵈어도 티 없는 하늘、양심 드맑어、
그냥 일월 그냥 인간
그냥 깨끗한 저절로인
이러한 스승을 모실 수 있다는 것은
얼마나 우리의 복인가.

《하얀 날개》

어느 때는 너무 착해서 동심 그대로
어느 때는 너무 곧아
돌 좌상 같은,
그가 오히려 분개해 하실 땐,
우리가 미소롭고
그가 짐짓 웃음 지으면
옷깃 되려 여며져,

사시다가 어느 날 그가
떠나시게 되면
그날이 오면 정말 나는 울을 것이다.
게사니처럼 꺼이꺼이 울을 것이다.
찾아 갈 스승이 인제는 없어
울을 것이다.

봄 아니면 가을쯤
용문산 기슭
언제 한번 꼭 가보아야 하시겠다던
그 은행나무
천년을 자라 온 그 은행나무 아래로
모셔야겠다.

노오랗게 새잎 혹은
단풍 화안할 때
한나절 내 모시고 앉아
쉬어야겠다.

아가야

부얼부얼한、
희부엿고 탐스런、
뚝 찢은 듯 잘 생긴、
아가야는 이제 백날、
아가야는 旭(욱).

아가야의 얼굴에는 하늘바탕이 있다.
아가야의 얼굴에는 해와 달이 있다.
아가야의 얼굴에는 꽃과 별이 함께 어린
아가야는 이 세상엘 어디로부터 왔을까?
아가야는 이 세상엘 어느 나라로 해서 왔을까?
아가야의 아빠는 푸로펫서 吳(오)
영문학자、희곡·음악 평론가
열성적인 등산가…… 애주가지만、
아가야의 엄마는 영문학에 書道家(서도가)
가을 아침 가을 꽃 같은 이지적인 미인이지만、
어떻게일까?

《하얀 날개》

아가야 얼굴 저 하늘 바탕은 하늘을 타고 온 그 탓일까?
아가야 얼굴 저 해와 달은 해와 달을 타고 온 탓일까?
아가야 얼굴 저 꽃과 별은 꽃과 별을 타고 온 그 탓일까?

컵

아가야의 아빠와,
우리가 가장 잘 오르는 산은
北漢(북한)이나 道峯(도봉),
봄 가을 겨울 없이 세네댓 친구가 어울리어
오르는 능마루 쉬엄쉬엄
幽邃(유수)한 계곡을 내려다보며
카— 한잔 소주가 아니면 쭈욱 들이키는 맥주 몇
조금 더 풍성할 때는
죠오니·워카 몇 잔으로 사기를 돋워
절정을 향해 올라가며
하늘 가까이
連峯(연봉)을 타고 바위를 디디면
파아랗게 손 닿는
하늘이 된다.

이 무렵였을까?
푸로펫서 뭇(오)가 그 아들아기를 이룩한 것은·
가장 가까운 하늘의 정기를 들이키고
산의 정기를 들이키고 간

산이 제일、술 한 잔 맛이 제일、우리 와이프가 제일이라던 푸로펫서 뭇(오)가 이번에는 꼭 하나 아들을 낳아야겠다고 벼르던……

아가야는 산의 정기
그 連峯(연봉)의 정기를 타고 내린
연봉 위의 푸르름을 해와 달 모습을 타고 내린、
솔소리와 산꽃 향기와 별들의 빛발을 타고 내린、
아가야의 그 모두는
아가야의 것、
별처럼 빛나는 눈 어글어글한
희부영고 둥그런 하늘배경이어.

─응르가 쫏쫏、떗찌놈 쫏쫏、
수상해설까?
얼러주는 나를 보고 거드름한 채
조금쯤 찡그려 보이는 의젓한 미간
수상해설까?
─순진 무구

《하얀 날개》

해와 달로 영롱한 아가 마음엔
천 구백 육십년대의 얼룩진 시인
너무 짙은 수난의 심상이 수상쩍어설까?
—응으가 쫏쫏、 떽찌놈 쫏쫏…… 이제는 한번
헤벌쭉 벙실、 헤벌쭉 벙실、 웃어 보아 주렴.
얼굴을 온통 꽃잎 흐를 듯
벙싯거려 보렴.

봄 가을 겨울 없이 산으로 가는
서울을 뒤로 산으로 가서
다시 그리운 서울、
멀리로 서울을 굽어 마음 저리는
육십년대、 이 폭정 年代(연대)의 사십대 인생
부끄럽고 억울한
분노롭고 암담한
내일에의 빛이 끊긴 囚人(수인)의 年代(연대)
돌아다볼수록 버리기 아픈 서울 哀愁(애수)여.

—야아 호오이…… 야아 호오이……
절정 높이 디디고 서면 어디나가 보여、
반 하늘 끊겨진 조국
피어린 남북이 한눈에 보여、아
지져스 크라이스트의 예루살렘의 밤은 아니지만
—서울아・서울아、 山河(산하)야、아、
山河(산하)야.

나란히 서서 외쳐 보는 심층의 呼哭(호곡).

카— 한 소주가 아니면 죠오니 워카 한 잔에
훈훈해져서,
아가야 너의 아빠
아빠의 또 친구들은
호연지기와 憮然(무연)한 哀傷(애상)에
혼들린단다.

—응르가 쫏쫏, 잘생긴 놈, 허연 아가야,
너의 아빠는 등산가, 너의 엄마는 예쁘신
가장 가까운 하늘의 정기 連峯(연봉)을 타고
세상에 내린
해와 달로 둥근 얼굴 초롱한 두 눈,
벙싯 웃어 세상 모두를 너그럽히렴.

우리들의 이 오늘,
우리들의 오늘의 이 조국, 이렇게처럼은 말고,
아가야, 너만큼한,
너만큼한 이 세상의
모든 아가야,
너희들의 새 시대엔 찬란한 빛발,
너희들 스스로가 너희들의
새 하늘을 열어,
언제까지나 싱싱하게 세게 살아라.
해와 달로 기리기리 밝게 살아라.

《하얀 날개》

종아리

—이놈, 이놈,
고연 놈 같으니 이놈!
소리 소리
아이 세워놓고 나무래다가 문득,
격한 내 저절로의 목소리 속에
아버님 음성을 듣는다.

눈썹 걷워 치키시고
염 풀풀 파람 날려
대청을 대들보를
기왓골을 쩡쩡 울려
파아란 하늘 메아리 쳤다 다시 내려와
그때 내 어린 肝膽(간담)
서늘업히시던,

—냉큼 매 해 가지고
못 오느냐?
호령호령 먼 옛날
아버님 음성
그 음색 어쩌면 이렇게
나도 그 아버님을
닮앉을까?

눈물 뚝뚝 앞에 선 놈
어쩐지 귀엽고
가이없어
회차리 스르르 손에서 풀리며
말문 막힌다.
그리고 되돌아간다.
아、 옛날、
나 다시 아버님 앞으로 무섬 무섬
걸어 가
종아리 걷고 어릴 때 되어
눈물 떨군다.

《하얀 날개》

옛 벗

그 녀석 어디 지금 있을 것이다.
천 구백 삼십년대 어둡던 일월
우리 같이 시 배워 시인 되자던
언짢을 땐 굵은 목청
콧노래 하고
작은 키 커다란 눈에 위산 과닷증
괴타리 언제나 손으로 잡고 춧석거리던
어디 지금 그 녀석 있을 것이다.
갇힌 하늘 꽝꽝 얼은
북녘 아니면
능선 계곡 벌판 어디를 쫓겨 가다가
그랬다가 지금은 희디 흰 백골
바람에 그 달빛 속에 햇살 속에 울어
남 북녘 하늘 끊긴
우리들의 조국
혼령이나 왔다 갔다 있을 것이다.
그 풀밭 고향 뚝 어린 시절에
우리 같이 서울 가서 공부 하자고
풀베개 오래 누워 하늘 바라던
그 녀석 지금 어디 있을 것이다.

그대여 어찌 나를 아니 재우시나이까

오대주 육대양 다 돌아단겨 보아도、
그 꼭대기
에베레스트、
눈보라 회오리 속
다 어질뜨려 보아도、

태평양 저 深海(심해) 짙푸른 海溝(해구)
그 밑바닥
꽃게처럼
다 뒤져 보아도、

저 예루살렘、
저 멕카、
저 曲阜(곡부)、
저 쿠시나라、
저 사하라、 콩고 고비 사막
다 헤매어 보아도

《하얀 날개》

잠 아니 오네. 아、 잠 영 아니 오네.
무한 바다 이 영혼
熱(열)한 설레임、
다스려도 또 다스려도
가라앉혀지지 않어、
하늘에는 쩔그렁거리는
깨진 달쪼각
무수한 저 무수한 별빛이
신경 방석을 와 들쑤시어.

먼 옛날 안겨 자던 어머님 가슴
그 풀밭 고향 흙내
멀기도 멀은、
뛰놀다가 지쳐 자던
복사꽃 양지、
그 언덕 잉잉대는
꿀벌 소리여.

천 구백 육십 오년 섣달 어느 밤
풍지문 바람 소리
푸들거리고、
뜬 눈을 이렇게도
무엇 때문에
미치겠네. 아、 이 밤
잠 이루어지지 않네.

V 부활

예레미야는

아무 일도 너희에게 일어나지는 않으리.
안에 오래 피가 어려 붙길 일으켜
멸하라 멸하라고 분노 해도,
두 골짝 고루 비쳐 해를 주시는
하느님은 너희들도 사랑하시는 것을.
「악한 자가 어찌 기리 형통하며
패역한 자가 다 안락함은 무삼 연고이니이까?」
—예레미야
땅에서 피가 우는 아벨의 소리에
카인을 벌 주셨던 먼 옛날에,
그러나 다시 카인의 호소에 귀 기울이시어
「그러면、그러면、
카인을 죽이는 자는 칠 배나 벌을 받으리라」
그 카인이 아내와 자던
에덴 동쪽을 따수이신
그 햇볕 오늘 여기 쪼이는 동안
아무 일도 너희에게는 일어나지 않으리.
하느님은 너희들도 사랑하시는 것을.

첫 번째 기도

사자새끼이게 하소서.
어둠과 이리 우는 죽음의 이 광야
달리면 바람 이는 불길이게 하소서.
갈기머린 휘날리는 깃발이게 하소서.
그 믿음, 정의, 진리의, 뜨거운 이 싸움
무너뜨려 무릎 앞에 적을 꿇리는
포효가 금빛 나팔 凱歌(개가)이게 하소서.
말씀을 빛발 쏘는 승리이게 하소서.

《하얀 날개》

天路歷程 (천로역정)

채찍에 무지개 감긴다·
怒濤(노도) 치거슬려 치 거슬려 몸부림
그 위를 맞덮치는
내 愛馬(애마)의 포효·
해와 달 해와 달도 무너지겠다·
이대로 掀天動地(흔천동지) 뒤엎이겠다·
바다 높은 저 하늘 끝 당신의 玉座(옥좌)
그 층계 구름 밟고 되돌아 볼 제
보이겠다·아 千(천)의 강에 하나씩의 얼굴·
달처럼 나의 얼굴 비쳐 있겠다·

新綠懺悔 (신록참회)

잊어버렸었네.

옛날에 부풀리던
내일에의 그
순수
금실대는 신록의
아침 환희를、
나무들의 은은한
합창 소리를 잊었었네.

잊어버렸었네.
보슬비 촉촉하게
한 낮을 멎고
나란한 당신과의 싱그러운 침묵
바라다보던 대안의
금빛 볕살을
그 속을 우짖이던

《하얀 날개》

파랑새 떼를 잊었었네.
잊어버렸었네.

흥건하게 강 흐르던 어지러운 낙화
바다로 저 바다 멀리
마지막 손짓
강 아래 노을 녘의
스러지는 구름을
하늘을 비껴가던
꽃빛 노을을 잊었었네.
잊어버렸었네.

아, 밤하늘 물기 어린
초록 달무리
혼자서 서성대던 강물 기슭을
달빛에 이슬 젖는
신록의 사색
당신에의 무한 동경
그 순수를 잊었었네.

귀 기울이소서

찬 하늘 맑은 햇볕
서리 얼은 강산
내어젓는 하얀 손길 피에 맺힌
깃발을
사천만 남북 겨레 뜨거웠던
혈연의
아, 절규, 안에 끓는
하나로의 엉김
저마다의 깊은 이 속 넋의 울림을
들으소서 하느님
귀 기울이소서.

두메 산 오막에서 기다리는 사람,
강 아래 벌판에서 기다리는 사람,
골목 뒤 땅에 앉아
기다리는 사람들의,
빈 창자 가난한 마음

《하얀 날개》

어진 눈매에
채우소서. 하느님, 당신의 것을.
녹아서 강 흐르는 따뜻한 물결
누구도 못 빼앗을
말씀과 빵을.
푸릇푸릇 잎 너풀일
기름진 꿈을.

배가 너무 부른 사람,
세력이 너무 강한 사람,
욕심이 너무 지나친 사람,
말당나귀같이 오만한 사람,
표범같이 잔인한 사람,
말승냥이같이 횡포한 사람,
독사같이 간악한 사람,
날귀신 같은, 야차 같은, 똥돼지 같은
사람들 있사옵거든,

발톱과 어금니
그 주둥이와 아래턱으로
약한 자를 짓밟고, 가난한 자를 또
벗기고,
착한 자를, 참는 자를,
용서하는 자를,
피눈물 흘리는 자를,
만만히 보고 업수히 여기고,
제물로 삼는 자들 있사옵거든,

하느님.
꺾으소서. 그 발밑이
바로 지옥,
오늘, 그 도끼가 바로 나무뿌리에 놓였음을
깨달아 알게 하소서.
뉘우치는 마음들이 불 일어나게 하소서.

아, 이제는,
초연 냄새 이 누리에서 다시 안 나게
하시고,
사랑하는 겨레, 피가 같은 이웃,
아니, 피가 다른 피가 다른
오늘의 모두의 나날이
웃음 웃는 이슬 머금은 꽃떨기이게
하소서.
흩어져 내리는 하늘 아침의
새 음악이게 하소서.
가슴마다 손을 얹으면 솟아나는 용솟음
누구나의 생명 삶의
유랑한 울림이게 하소서.
조금씩, 또는 무더기로
아, 이 지상 삶의 그 궁극에의
새 전진이게 하소서.

《하얀 날개》

깃발에 말한다

말해서는 무엇 하리、
간 날은 다 꿈인 것을·
잊어버릴 수 있는 것만이 다만
또 한 번 허물어져버려야 할 희망에의
쓸쓸한 보장이 될 뿐인 것을·
그날 여전히 하늘은 개어 푸르렀고
머리 위에는 금빛 태양
둥글게 이글대며 햇볕은 작렬했고
죽음과 공포의 어두운 그림자가
비로소 기적처럼 거짓말처럼 벗겨질 때
너무도 포악했고 너무도 간악했던 저
제국주의의 이리들의
그 거꾸러져 가는 신음소리 속에 피비린내가
물러갈 때
그러나 그것은
너무나 그것은 갑자기였다·

빼앗겼던 자만이 비로소 가질 수 있는 자유에의
흐느낌
전율과 증오、분노와 체념 속에
잃어버렸던 자만이 느낄 수 있는 그 눈물겨웠던
환희
이제는 살았다 이제는 우리도 살아 볼 수 있다는

푸드득거려도 푸드득거려도 다함없던
새로운 하늘에의 날갯짓
서로가 서로 부등켜 외치던
아, 악몽 그 삼십육년 만에 비로소 뽑었던 열한
만세를.
말해서는 무엇 하리.
벌써 흘러간 세월 이미 이십년
이십년이면 얼마나 긴가?
아, 8·15는 덧없다.
되돌아보아도 안타까워도 간 날은 이미 꿈인
것을.
오늘도 이 조국 반 하늘에는
여전히 그 햇덩어리 뜨거이 작렬하고
하늘 무심한 푸르른 얼굴은
우리의 모두를 굽어보지만
무엇이었나? 참말로 우리는 이십년 동안
무엇이었나?
그때의 그 노예 식민지,
무엇이 오늘、얼마쯤 오늘 달라졌나?
피워올렸던 그 찬란한 꿈의 자락에는
뜨겁고 임리한 선혈만 자욱지고

《하얀 날개》

깃발을 날리던 그 언덕마다엔
젊음들 죽어서, 죽어서 갔다.
피는 흘러서 강흐름을, 백골은 쌓여서 산이 됐다.

그 자유, 그 단결, 그 번영, 그 행복에의
뜨겁던 맹세는 오늘 다 어디 가고, 우리들 오늘
절망과 분노로만
지지 눌려서 살아,
죽음이 아니면 절망, 피가 아니면 눈물
동포는 곧 적이었고 이념은 곧 저주,
애국은 망국, 사랑은 증오로 뒤집히는
우리는 서로 배반했고, 우리는 서로가
짓밟았다.
우리는 서로 넘어뜨렸고, 우리는 서로 피
흘렸고
우리는 서로 증오했고, 우리는 서로 죽였다.

피워올리던 그 찬란한 조국은 오늘 이렇게 허망
그날의 태양은 오늘도 떴어도
조국은 갈수록 암담하여,
서로가 절연된 절망의 고독
그 속에 조국은 질식한다.
어디로 갔나? 진실로
그 자유, 그 꿈,
끓어오르던 그 핏줄기 그 겨레 사랑에의 밀물은
반 국토 같이운 하늘 아래
비극만 비극만 반추한다.

그렇다. 아, 그러나 우리는 안다.
이미 그 지난 날,
깃발을 들고 싸워서 전진하다가
피 흘려간 이들은 용감했음을.
자유를、 통일을、 사랑을、 나라를、
그 외침 그 절규 아직도 강산에 바람쳐 울고
그 붉은 피、 조국을 물들여
말없는 들꽃을 피게 하는·
그러나 우리는 다시금 알겠다· 살아남은 사람들의
이 뼈저린 뉘우침、
아, 이십년· 그렇다· 덧없는 것은 8·15
오늘 우리, 무에라고들 구구히,
말해서는 무엇하리.
너무도 많았던 그 잘못
누구가 누구를 원망하리.

하늘이 주신 그 자유를
스스로 우리를 짓밟았고、
하나로 뭉쳐 잘 살아야 할 이 국토
반 허리 잘리운 채 이십년을 오늘까지.
그러나, 그렇다· 어찌 우리들 이것을 모르냐?

《하얀 날개》

우러러 하늘에 태양이 하나이듯
밤하늘 서늘어운 저 푸른 달이 하나이듯
이 겨레 이 강산 모두의
찬란한 꿈은 하나,
그 남북 끊어진 조국을 끓는 피로 이어,
불멸의 깃발 찬란한 자유, 길이 드날릴
하나의 조국 이 땅에 이뤄
길이 지켜 갈
뜨거운 마음 진한 피로 가슴 새기자.

14행 8월

어느 나무 가지에다 비파를 걸까.
어느 강줄기 모래벌 위에서 견우 직녀를
우러를까.
머리가 검어서 그리던 하늘이
머리가 희도록 막막하고나.
마음만 만날 때는 육신이 서럽고
서로가 서로 못 만나는 육신 비수로 저미는
아픔이어.
어느 나무 가지에다 비파를 걸까.
띄워도 이 꽃잎, 강물은 흘러서 남으로만
날아도 갇히인 우리에 찢기어 찢기어 상하기는 이
날개뿐
오늘이 먼 미래로 옛 사연 되어 전해질 양이면,
어떻게 하리. 이 나 혼자의 재 솟금
누구가 알아서 간직해 주리.
이 남북이 남북 피어린 팔월 밤하늘에는
별들만 총총히 말없이 떤다.

《하얀 날개》

부활

씨앗은 땅에 떨어져
흙에서 다시 솟아나고、
바람에 불리어 낙화한 꽃잎은
따스한 바람에 다시 꽃으로
피어난다.

나풀대는 하늘
보드라운 햇볕에 은총하는
잎새들의 속삭임、
신록의 어린 꿈이、
3월의 녹색 꿈이

열린다 · 結氷(결빙)했던 혈맥
밀폐의 思想(사상) 、 否定(부정)과 昻奪(앙탈)의
심장을
뚫고 나와

아、 팔팔댄다 · 깃발로 · 조용히
그리고 격렬하게
안으로부터、 씨앗으로부터、 꽃으로

불타는 불꽃으로부터
솟쳐 나는
생명、
뜨거운 4월로 폭발한다.

《하얀 날개》

《고산식물》

自序 (자서)

《하얀 날개》 이후의 작품을 모아 세 권의 시집으로 내게 되었다.

이 《고산식물》이 그 첫 번째, 내 시집의 전체 차례로는 제7시집에 해당한다.

작품의 수록은 지금까지의 예와는 달리 주제별이나 경향별로 하지 않고 대체로 작품의 제작 순을 따르기로 했다.

극히 간접적이고 심층적이기는 하지만 시가 제작되는 시기와 그 詩作品(시작품)의 관계, 특히 시대적, 정치적, 사회적, 민족적 상황과 그 기복이 시의 주제와 동기, 작품 형성 과정과 의도에 미치는 영향이 무시될 수 없을 것 같아서다.

이러한 관계는 쓰는 사람의 시 자체가 지니는 기복과 변천 과정에도 그대로 관련을 갖는 것이라 생각한다.

특히 나의 경우 이러한 시적 배경 조건이 시적 주제 동기와 시적 내면세계 형성에 더 많이 작용했을 것을 고려해 볼 때, 한 권의 시집으로서의 시간적 제작 순의 의미가 차지하는 비중을 알 수 있으리라 생각한다.

이 《고산식물》에 수록된 시의 제작 기간은 《하얀 날개》 직후인 1968년 1월부터 1969년 12월까지이다.

시를 왜 쓰느냐 하고 묻거나 이에 대답하는 일은

이미 쑥스러운 일이 아닐 수 없을 것이다.

그러나 어쨌든 나에게는 시를 쓰는 일이 단순한 즐거움만일 수는 없게 되었다. 생활이나 직업으로서라고 말할 수는 더욱 없게 되었다. 그냥 저절로 씌어질 때 쓸 만큼 그렇게 한가하게 여유롭지도 않을 뿐더러, 시를 어떤 현실적인 목적이나 수단으로서 하도록 그렇게 절박하지도 않게 된 것이다.

오히려 쓰기 위해서 쓰고, 시를 쓰는 데서 더 어떤 사는 보람, 전체 삶의 뜻과 가치 같은 것을 느끼게 된 것이 사실이다. 누가 쓰라거나 내가 써야 할 어떤 의무감 같은 것보다 더 자유롭고 근본적이고 진지하지 않을 수 없는 동기에서 쓰고 또 쓰고, 깎고 또 깎고 할 따름인 것이다.

어떤 즐거움이나 괴로움을 초월한, 오히려 삶 그 자체의 실현으로서의 나의 詩作(시작) 행위는 그렇기 때문에 내게는 더 많이 숙명적인 것인지도 모를 일이다.

그동안 밀린 작품을 한꺼번에 출간해 주신 一志社(일지사) 金聖哉(김성재) 사장과 그 기획 실무 일체를 맡아 수고해 주신 李起雄(이기웅) 형,

자서

그리고 심혼을 기울여 훌륭한 그림을 그려 주신 변종하 화백에게 두루 고마운 말씀을 드린다.

1973년 11월 15일

박두진

고산식물 I

고산식물

아슬히 깎아질린 벼랑에 산다.

내 가슴이 匕首(비수)는 자라오르는 蘭(난)

짙은 안개 비에 서려 바람에 떤다.

찬 달빛 거울 비치는 猛禽(맹금)의 상한 죽지

언덕을 밀물 덮던 현란한 기폭

포효가 지금은 꽃으로 떨어져 말이 없는

그 침묵 심연 이쪽 벼랑에 산다.

언젠가는 다시 불을 하늘 아침 폭풍

땅에는 동남 서북 혁명 치달려

비수가 그 사슬을 그물을 그 밤을 찔러

마지막 빛의 개벽 꽃 흐트러뜨릴

난이여 안개 떠는 벼랑에 산다.

변증법

날개였었지.
날개였었지.
높디높은 하늘 벽을 위로 부딪쳐
그 울음 血脈(혈맥) 고운
하얀 새의 넋、
새보다도 더 먼저는
꽃잎이었었지.
소리 아직 처음 울어 발음 없었던
그 침묵 오래 다져
황홀 속에 포개던
꽃잎보다 더 먼저는 햇살이었었지.
그랬었지.
햇살들이 비로소 꽃잎 形象(형상) 져
꽃잎마다 새가 되어
하늘 날으던
하늘 날으던、
하나씩의 그림자는 하나씩의 육신

《고산식물》

육신이 땅에 태어 사슬 얽매인,
벼랑에 그 바위 위에
사슬 얽매인,
프로메테우스、 프로메테우스、
너 人身(인신) 그 먼저는
날개였었지·
날개였었지·

예루살렘의 나귀

뽕나무밭에 혼자서 매여있던 나귀야
아무것도 모르고 매여있다가
아무것도 모르고 따라왔던 너는
좋았겠다.
골목으로 마을로 하늘로 높다랗게
호산나 호산나 소리
꽃비로 쏟아지는
호산나 호산나 소리 네 귀에 좋았겠다.
또그닥 또그닥 네 발굽소리
굽 놓는 소리 속에,
처음 그 발길 앞에 깃발 젓는 꽃가지
올리브나무의 올리브가지
흔들리는 속에,
아가들의 호산나
어머니들의 호산나
아버지들의 할아버지들의
아주머니들의 호산나

《고산식물》

쫑깃대는 두 귀에 방울 소리 하늘 날고
파아랗게 갈기머리
갈기머리 꼬리털에 하늘 물들어、
콧구멍 벌름대며 자랑스럽던
눈망울에 햇살 어려
자랑스럽던、
뽕나무밭에 혼자서 매여있던 작은 나귀야
아무것도 모르고
아무것도 모르고 신이 났던
네 등에는、
가난한 사람들의 임금님
사랑의 임금님을 처음 태워
백성들이 환호하는
예루살렘 거리
길바닥에 벗어 펴는 옷자락을 밟고
나귀야、
아무것도 모르면서
뽕나무에 매였던
누군지도 모르면서 임금님을 태운
꼬리털을 휘두르며
푸른 눈망울
하늘까지 발굽소리
신났었겠다.

背叛圖 (배반도)

아니래두、 아니래두、

바다가 세로 뛰는 미친 그 바람
죽음이 그 어둠만큼
파도 덮칠 때、
조용히、
조용하게 음성하여
꾸짖으시던.
그 위를 파도 밟고 걸어오시던.
아니래두、 아니래두、 아니래두、

굶주려 빈 창자
밤이 맞도록
그 밤을 아침까지 그물
던져도
강목치던 바다의 깊은 그 안쪽
조용하게 손 가리켜

《고산식물》

일러 주시던.
그 그물 찢어지게 고기
낚게 하시던.
아니래두, 아니래두,
「비록 사람들이 다 주를 버릴지라도
저는 결코 주를
아니 버리겠나이다」
우러러 거듭하던
뜨거운 그 고백
아직도 귀를 울려 스스로에
징징한.

아니래두, 아니래두, 아니래두,
「오늘 밤 닭 울기 전 세 번 너는 나를
모른다고 하리라」
쭈크리고 앉은 앞에 모닥불은 타고
비웃어 가리키는
계집종의 손가락.
가야바의 뜰에서는 닭이 우는데,
닭이 우는데,
옛날의 타는 밤의 아픈 모닥불
지직지직 잦는 밤의
아픈 모닥불.

아니래두, 아니래두, 아니래두.

林間學校 (임간학교)

너희들 오늘 없고,
너희들의 노래는 여기 있네.

그날 날리던 너희들의 노래
가을에 고운 무늬 낙엽 져 떨어지고,
가지들의 밑둥, 뿌리의 둘레 위에
낙엽 새에 반짝이는 열매들의 침묵.

길어라. 길어라. 겨울의 언덕 저편
바다로 드날려 올 금빛 기폭아.
파도는 말없이 기슭을 두들기고
눌러도 치밀어 오르는 가슴 속 이 불길.

너희들 오늘 여기에 없고,
너희들의 노래는 우리에게 있네.

《고산식물》

해안선

匕首(비수)를 칼집에 꽂겠다.
汪洋(왕양)한 波面(파면)을 앞에 한
꽃으로 무성한 내일에 앉겠다.
일제히 蜂起(봉기)하는 유량한 음악
怒濤(노도)로 불길로 함성으로
타오를
대낮의 순수의
황금빛 이념
의지와 깃발
뜨거운 펄럭임의 새하얀 침묵、
지금은 조용한
배추빛 海面(해면)의 잔잔한 아침이어.
비수를 칼집에 꽂겠다·
기울여 저 멀리의
파도를 듣겠다·

親和力抽象 (친화력추상)

더러는 불꽃 속으로
피의 강으로 떨어지고、

더러는 深淵(심연) 속
일렁대는 심연 속으로 깜깜한 속으로
떨어지고、

더러는 동、
더러는 서、
아무데로나 동서남북、 바람을 맞아
달아나고、

그래서 더러는 도깨비바늘
아무데로나 붙어가고、
猩猩(성성)이처럼 淫奔(음분)하고、

더러는 착고를 찬 채 소리 죽여 울어、

《고산식물》

착고를 찬 채 불의 눈에
맹수가 되어 울어、

아주 아주 멀리로 눈이 머는 사람·
아주 아주 發狂(발광) 속에 내일의 꽃밭을
짓밟는 사람

밝구나· 천만 억년 우리들의
天地(천지)、

두고 두고 나고 죽을
겨레 이 땅에·

어쩔꼬、 치밀어 오르는 오늘 이 울화、
어쩔꼬、 치밀어 오르는 오늘 이 비애、

역사 저 굽이굽이 여울 흐르는 소리·
영원 저 낮과 밤을 옷 갈아입는 소리·

出陣圖 (출진도)

비둘기이게 하소서.
아니, 배암이게,
사자새끼이게 하소서.
아니, 저 날쌔고도 영맹한
독수리이게 하소서.

불줄기이게 하소서.
혀로는 불을 뿜는,
당신의 의를 위핸 불을 뿜는, 헛바닥,
아니, 모세가 치켜드는 지팡막대이게 하소서.
광야의 바윌 쳐서 푸른 물을 솟히는,
저희들의 붓대는 지팡막대이게 하소서.

오대양 육대주는 당신의 발등상
아니, 오늘의 이 우리 골짝 아픈 나라의
광야처럼 삭막한 가시덤불의
저마다가 어둠 속에 방황하는 갈길,

《고산식물》

아, 오늘을 불비치는 등불이게 하소서.
쉬지 말게 하소서.
전진하게 하소서.
승리하게 하소서.
저희들은 당신의 앞장가는 군병
그 영광 하늘 땅에 꽃 흐트러뜨릴
당신의 깃발 아래 돌진하게 하소서.

邊山內海(변산내해) 雨天(우천)

기웃하며 바다가 얼굴을 찌푸리오.
아무것도 바다가 말을 하려 아니하오.
바람 비、비 바람、海面(해면)들이 자꾸만
綾絹(능견)처럼 구기오.
內邊山(내변산)이 넌즛 보고 걱정하고 섰소.
죄그만 돛배 하나가 나비처럼 파닥이오.
바다 서쪽 저 맞바로가 칭다오라 하오.
새벽부터 여긴 지금 밀물이 들고 있소.
빗속에도 저만치에 投網(투망)꾼이 보이오.
더욱 거센 비바람이 파도소리를 흐리우오.

《고산식물》

동해　鏡浦海(경포해)　逸事(일사)

바다가 바로 사실은 머리 위에 있었다.
덮치어 뒤집어 써 천 길 물파도
일제히 海神(해신)의 떼가 목을 조여와
코에도 배꼽에도 쩔은 소금내
모르겠다 딱 감고 전신을 밀어
달겨들어 女神(여신) 하나 허리 끌안는다.
오로라 七色(칠색) 감아 한번 딩굴어
쓰러졌다 잦혀졌다가 부둥켜 오르는 떨림
목덜미아 하얀 허리 젖은 눈망울
안겨드는 싸포오의 어지러움에
어떡헐까 어떡헐까 선 채 나는 물기둥
머슴애가 그 하늘의 해가 웃고 있었다.

가을에

돌아가야 하는 것을 · 이제야 혼자 나는 돌아가야 하는 것을 · 후두겨 흩날려 떨어지는 가을, 노오랗게 골짜기에 낙엽 쌓이는.

가라앉혀야 하는 것을 · 언제는 부풀리어 드설레던 가슴, 언제는 흐느끼어 전율하던 전신을 · 가지마다 끝에 뿜던 열한 불길을 · 이제는 찰랑이는 파아란 깊이, 그 흐름 가을 강에 가라앉혀야 하는 것을.

되돌아다보지도 말아야 하는 것을 · 산까마귀 희살지어 떼로 날며 우는, 한 잎 두 잎 땅에 지는 아픈 뉘우침, 현란한 꿈의 잎새를 가을 강에 띄워 · 먼 아래 손짓하는 노을 저녁때 · 떨리며 와 귀에 닿는 금빛 종소리 ·

되돌아가야 하는 것을 · 가을 · 후두겨 훌훌 떨군 스스로의 裸木(나목), 얼굴을 그 높은 키를 가을 강에 비껴 · 귀 기울여야 하는 것을 · 손 흔들어야 하는 것을 · 영글어 저 떨어지는 산골짝의 열매, 강의 끝 저 바다로 오는 새론 내일에.

《고산식물》

寓話 (우화)

누구도 여기에서는 벗어날 수가 없다.
아무도 여기에서는 입을 열 수가 없다.
어디에나 보이지 않는 그물코와 쇠사슬
코에 거는 그물코가 귀에 걸리고
귀에 거는 쇠사슬이 코에 걸리고
누구도 이 보이지 않는 것을 끊을 수가 없다.
도마 위에는 비늘생선 피얼룽진 식칼
누구도 이 도마 위에서는 뛰어내릴 수가 없다.
눈으로도 눈에게 눈짓 못한다.
손으로도 손에게 손짓 못하고
입으로도 입에게 말을 못하고
이 항해 바다 복판 하늘 끝가는
쏟아지는 불볕 속에 쌧하얀 침묵
목 팔 허리 다리에 멍든 쇠사슬
조인다 아, 도둑들도 스스로의 노예
칠대양 밤과 낮을 미친 무도회
지화자, 이 노예선에 꽃바람 인다.

조용한

이렇게 이렇게도 신나는 때 있고녀.
조용히 아침 한때 혼자만의 잠깐
시달리어 안의 영혼 상처 쓰리한
그 비밀 오솔길로 신이 문득 와주시고
가둥그려 접었다가 크게 펴는 날개
퍼덕여 바다 위를 동화처럼 날으는、
되돌아와 창가 다시 생각하는 한때
백년 뒤 천년 뒤의 앞윗날도 보여
겹겹이 비록 오늘 아우성이 쌓여도
믿는 것 우리들의 다함없는 영원
섞여오는 바람 속에 젊음들의 목소리
이렇게도 조용한 신나는 때 있고녀.

《고산식물》

기를 단다

안에서 또 밖에서도 찢기우는 날개
隊伍(대오)가 적의 앞에 하나씩 무너져도
뜨거운 것 강이 되어 땅의 모둘 물들여도
살아서 안 죽어서 펄럭대는 깃발
하늘로 으쓱이는 영원한 鼓舞(고무)
언젠가는 하늘 땅 한 자락에 휩싸 볼
밟혀도 불태워도 다시 솟는 목숨
죽음들이 죽음을 넘어 손을 들고 투항할
자유! 그 낡은 이름 불멸을 단다.

소라

하늘 높고
흰 구름 두세 쪽
한낮에, 모래벌에,
소라껍질 하나.

바다 저리 푸른 마음 너무 부풀어
서서 오는 앳된 호소
하얀 밀물살,
종일을 찰삭거려 흐느끼어도,
외따로 볕에 누워
아롱이는 전신
멀디먼 파도소리
귀에 다만 적시며,

산단다. 그 모두의 것 이제는 어제
상처 안의 쌓인 무늬 어루만지며,
꿈의 낮 모래벌에
홀로 산단다.

《고산식물》

고산식물 Ⅱ

너의 잠

햇살이 꽃보래가
비수가 와 쏟아져도
자야 하리 자야 하리 기나긴 이
봄의 아침,
땅에서 뿜는 증기 진한 꽃잎임
淋漓(임리) 히 쭉지 젖는
亞細亞(아세아)의 피보래,
呼哭(호곡)이 먼 강물 은하 맞대는
언덕 그대 무릎 위에
꿈 깰 때까지.
쌓여서 落花(낙화) 다시 강에 흩날려
그 꽃잎 불사조로
날아오를 때까지.

날아가버린 새

저절로 쌓여서 떨어지던
내가 잠자던 그늘의 꽃나무에 앉아
우지지던 새여.
그때 나는 강가에서
새파란 강흐름의 수심을 재어보며
재어보며 들여다보며 꿈속에 혼자였던,
이제는 가라앉아
너무 깊은 수심일래 건질 수도 없는
우지지다 흘리고 간 눈이 부신 구슬
먼 미래의 秘(비)한 언어를、너는、
어디서 물고 왔다 빠뜨렸을까
빠뜨렸을까.
그때 나는 꿈에서 깨어야 하고
너는 있어야 할
내가 자던 꽃그늘의 한낮의 강가
어디서 너는 와서 우지지던 새여.
어디서 너는 왔다
날아가버린 새여.

《고산식물》

4월

나에게 바로 겨눌 칼일지라도
잔을 들어 내게 마시울 독일지라도
포옹해야 하리.
뜨거이 심장 벌려 너를 싸안고
이 胃壁(위벽) 경련하며
너를 되삭여
땅의 끝 저 하늘까지 걸음 걸어야 하리.
하나씩의 해와 달
꺼지지 않을
강의 저 오랜 흐름 마르지 않을
발바닥 더께 굳어 짐승 될 때까지
이 알몸 당신 채찍에
꽃 爛漫(난만)할 때까지.

고백

내게서 당신의 눈길을 돌리시지 마셔요.
내게서 당신의 음성을 끊으시지 마셔요.
내게서 당신의 입김을 떼시지 마셔요.
내게서 당신의 포옹을 풀으시지 마셔요.
그러시면 나는 천지가 온통 깜깜해버려져요.
그러시면 나는 두 귀가 절벽으로 귀가 멀어요.
그러시면 나는 전신이 꽝꽝 차게 얼음 얼어요.
그러시면 나는 낭떠러지 저 낭떠러지로 절벽으로 떨어져요.

《고산식물》

아이들 소리

사십 몇 년 만이라는 횡포의 눈이
지척지척 녹아내리는
그 지척이는 문 밖의 골목길에서
짜랑짜랑한
울리고 내닫고 하늘 퍼지는
함성쳐 깔깔대는 아이들의 소리.
아마 아까부터 훨씬 전 아까부터 내처 들렸을
무엇 때문에 이제까진 못 들었을까
문득 나로 되돌아와 현실로 온 것
벽으로 가구로 창으로 그 창 밖으로
창 밖 그 골목에서 일깨우는 靈感(영감)
어쩌지 못하여 되돌아오는 오늘의 意識(의식)
무엇인가를 생각하다가 순수하다가
골똘하다가 抽象(추상)하다가 하던 無我(무아)
속에서
되돌아와 生生(생생)하는
저 아이들 소리.
달리며 함성 치며 짜랑짜랑한
아, 나도 그땐 저러했을
새된 저 소리.
사십하고 몇 년 만의 酷雪(혹설)이 녹는
마파람 설렁대는 오늘의 雨水(우수)

하늘높이、
하늘높이、
지척이는 泥濘(이녕)을 흝는
저 아이들 소리.

《고산식물》

山水圖 (산수도)

하늘 땅 열의 열 겹 지지 눌러도
너와 나와 단둘이선 솟아올라 올 봉우리
고아라 저 별이나 헤며 한 천년 살자.

쇠밧줄 칭칭 묶어 끌어내어도
너와 나와 단둘이선 썽둥 끊고 동굴 속
미이라 미이라 되어서라도 한 천년 살자.

새파란 하늘 저 바다나 돌며 한 천년 살자.
너와 나와 단둘이선 파닥여오르는 불사조
불의 바다 동서남북 재가 되어도

氷原(빙원) 저 죽음의 벌에 달빛 떨어도
너와 나와 단둘이선 흐트러뜨리는 꽃바람
늴늴늴 춤이나 추며 한 천년 살자.

손

두 손 깍지 끼고 힘을 주어 젖히면
오도독 오도독 마디소리 난다.

이제는 반세기나 같이 살아온
知己(지기)처럼 허물없고 마음 정들은,

열 손가락 마디마다 서로만의 곡절
손으로 손 쓰다듬으며 눈물 머금는다.

악매듭 저 굵다란 마디는 논밭일을 하다가
가운데손가락 티눈못은 글줄이나 쓰노라다가,

아 엄지가락 커다란 흉터는 아주까리 총
왼손 이 食指(식지)의 흉터는 뽕나무 활을
만들다가,

어렸을 때 그 칼에 다쳐 흘러내리던 피의

《고산식물》

싸매어 주시던 엄마도 누나도 이제는 없다.

불끈 쥐던 젊은 시절 意氣(의기)의 그 주먹
이제는 슬슬 어린것들의 머리나 쓰다듬고、

때로는 萬波頃息(만파경식) 때로는 또
靈山會相(영산회상)
단소 들고 가락 짚어 옛날을 분다.

산에 가면 신록 때 호젓한 데 앉아
두 손 모아 동그랗게 소랄 만들어
뻑구욱 벅벅구욱 뻑뻑구욱 뻑국
올에도 또 이 산 저 산 울어예야겠다.

휩쓸려가는 것은 바람이다

휩쓸려가는 것은 바람이다.
보고 싶은, 보고 싶은 나라의 초록빛
이름이다.
빈 들의 작은 꽃, 꽃을 보고 앉아있는 사람의
가난한 마음
다시는 생각하지 않으려던 사람의 초록빛 목소리
다시는 생각하지 않으려던 사람의 어질디어진
눈길이다.
휩쓸려가는 것은 바람이다.
채찍에 구둣발에 몽둥이와 총칼 그 비밀한 그물에
쫓기이는
쓸쓸한 황톳벌 침침한 부둣가 창백한 문명의 거리
아무에게도 말할 곳 없는
약하디약한 사람들의 공포의 심장 굶주린 창자
낮에도 으르렁거리는
강한 자 횡포한 자 무법한 자들의 나라의
맹수들의 목덜미

《고산식물》

떼무더기의 내일의 허물어져가는 자들의 뼈다귀
휩쓸려가는 것은 바람이다.
저 바다에서 아침에서 초록의 벌판에서 솟아나는
눈이 부신 찬란한 새로운 나라사람들의 앳된 소리
소년들의 깃발의 보고 싶은 나라사람들의
합창이다.
아 어제의 것 사라져가야 할 것들의 죽음
죽은 자는 진실로 죽은 자들이 장사하는
빛이 있는 빛의 나라 빛의 대열의
휩쓸려가는 것은 바람,
휩쓸려가는 것은 바람이다.

그 강가

어디에 당신은 계실까
나는 아네
이만치 멀리에 혼자서도 당신을 보네
어디에 당신은 계실까
나는 아네
이만치 멀리에 혼자서도 당신을 듣네
어디에 당신은 계실까
나는 아네
이만치 멀리에 혼자서도 당신을 끌어안네
어디에 당신은 계실까
나는 아네
이만치 멀리에 혼자서도 당신을 볼 비비네
어디에 당신은 계실까
나는 아네
이만치 멀리에 혼자서도 당신을
입술 대네.

《고산식물》

炎熱行 (염열행)

한번씩 떨어지는 빗방울
잃어버렸던
영원히
잃어버렸던 음성들의 되돌아옴
가없는 벌판의 행렬의 뙤약볕
흙속에 잠자던
울음 울었던 사람들의
대낮의 되돌아옴
쓸쓸한 돌무더기 쓸쓸한 그 푸섶에
묻고 간
돌로 쳐 밟고 간 카인의 그 아벨들
지금은 뙤약볕
일제히 벌판을 돌들이 되어 몰려가고
카인이 되어 몰려가고
아벨이 되어 몰려가고
이리가 되어 양이 되어 이리가 되어 치달려
가고
하고 싶었던 아
하고 싶었던 말들의
뜨거운 기억
말하고 싶었던 돌멩이의
아브라함이 되어
혓바닥 그 돌멩이의 불이 붙어 활활한

아우성의 아벨들의 카인들의 대열
쏟아져내리는 뙤약볕을
아벨들 간다.

《고산식물》

자장가

숲에서도 아침이면 나를 부르고、
들에서도 아침이면 나를 부르고、
바다에서도 아침이면 나를 부르고、

서걱이는 억새풀이 나를 부르고、
딩굴어 있는 돌멩이가 나를 부르고、
떠내려가는 물거품이 나를 부르고、

왕자가 되어 숲속길을 홀로 헤매고、
탕자가 되어 들벌판을 홀로 헤매고、
물새가 되어 바닷벌을 홀로 헤매고、

나를 부르는 어디에서나 당신의 소리、
멀디멀은 어디에서나 당신의 소리、
대답이 없는 어디에서나 당신의 소리.

凱旋(개선)

가슴에 하나씩의 우리들의 햇덩이
끓어서 치달리는 하늘 사자의
노하면 한밤에도 휘날리는 금갈기
그 폭풍 몰아 휩쳐 별과 별을 쓸어
嘹喨(유량)해라 하늘 奏樂(주악) 오늘 이
凱旋(개선)
그 승리 천상천하 날개 푸득여
무지개 칠색 물결 아롱이는 빛의 줄기
고아라 포효하는 사자 금갈기.

《고산식물》

언덕의 바다

조금씩의 아침 언덕
바다 짠바람
바다에 꽃자죽에
열매 푸르러

먼 하늘 하늘이 젖어 하늘 푸르름
먼 바다 바다가 젖어
바다 푸르름
싱싱히 앳된 유방
씨앗 영그는

보겠다 아 그 아침
또 한번의 꿈
일제히 쏟아지는
햇살들의
박수

그 속을 발돋움해
싹으로 터 자라
피어서 푸들대는 꽃의 바다 햇살
또 한번 아침 언덕
바람 날리우겠다.

城 (성)

백마 한 떼 銀(은)의 발굽
장미 짓밟는다.
칼을 들어 횟두루 둘러
市民(시민) 베이고
흩날려 쌓이는 날개
나비 깃쪽지、
피 안개 승리 돌다 취해 쓰러진
낮 고요 가지런한 미이라 軍馬(군마).
城壁(성벽)을 넋의 呼哭(호곡) 이제는 없고
찾아도 그 고운 얼굴 왕자도 없다.

《고산식물》

인간적 인간적

어떻게 그것을 주체할까
아침 때 그 바다
흰 포말 앳된 햇살
초록 바람결
그 속을 서성대는
오랜만의 방황
감겨드는 어지러운
꽃빛 고혹을
떠받치는 전신의
무한 황홀을.
어떻게 그것을 주체할까
저녁 때 그 落日(낙일)
모래벌 코스모스
바람결 그늘
그 밑에 처음 눕는
찬란한 고독
하늘의 하느님의
먼 외면을
비로소 전율하는
너와 나의 포옹을.

戰碑文（전비문）
― 마르틴 루터에게 ―

홀로서 지를 수 있었던 불길이어.
홀로서 외칠 수 있었던 절규여.
홀로서 뒤흔들 수 있었던 지축이어.
홀로서 꿰뚫고 본 악이어.
홀로서 이끌어 내린 빛이어.
홀로서 때려눕힌 사탄이어.

무릎 꿇을 수 있었던 충성이어. 주 앞에.
기도드릴 수 있었던 겸허여. 주 앞에.
눈물 흘릴 수 있었던 순수여. 주 앞에.

선언할 수 있었던 자유여. 개혁의.
싸움 싸울 수 있었던 용맹이어. 개혁의.
승리할 수 있었던 믿음이어. 개혁의.

《고산식물》

青磁象嵌雲鶴紋梅瓶 (청자상감운학문매병)

緣起 (연기)

부릴 들어 부릴 들어
위로 날은다.
하늘 끝 저 푸르름 속
햇발 속의 여울에
파묻혀 푸들대는 너와 나의 포옹
뜨거이 파문 짓는
뒤착임이여.
그 雲雨(운우) 꽃사태로 펑펑 내리고
땅에는 갈대 피밭
잔내비 울어.
날이 지면 층계 훨훨
땅에 내리리.
이 강가 어두운 속
하나씩의 창가에
품어서 깃에 가꾼 너와 나의 씨앗
푸르른 그 별과 별을
등불 달으리.

혼자서 부르는 연가

어디서 당신은 계실까
어디서 당신은 들으실까
어디서 당신은 생각하실까

깊은 바다 시퍼런 바닷가엘까
첩첩 단풍 가을 산 산골짝엘까
벌레 우는 들 풀길 들녘가엘까

자다 일어 한밤에도 앉아 부르고
길을 걷다 길에서도 서서 부르고
꽃을 보다 꽃에서도 당신 부르고

어디에서도 어려오는 당신의 모습
어디에서도 들려오는 당신의 음성
어디에서도 지켜보는 당신 눈길에

갈대처럼 흔들리는 가을 내 마음

《고산식물》

낙엽처럼 말라가는 가을 내 얼굴
떨어지는 도토리 같은 가을 내 외롬
어떻게 당신을 이제는 잊을까
어떻게 당신을 이제는 모를까
어떻게 당신을 이제는 끊을까

소리

늦여름 햇살은 눈부시고
낭자하게 군화들이
꽃밭 짓밟고
찢기우는 나비 날개 채색 꽃가루
꽃잎보다 더 진한
피번짐이어.

늦여름 햇살은 눈부시고
어디에도 하얀 침묵
대낮 깔리고
예 저기 삐걱이며 철문 닫히는 소리
순수가 그 발 묶이는
쇠사슬 소리.

늦여름 햇살은 눈부시고
지성들의 창가엔 박제 비둘기
서서 우는 여인들의

《고산식물》

골목 저쪽을
달려가며 울려오는
아이들 소리.
나비 날개 되살아나
깃발 펄럭이고
침묵들이 일제히
아우성치고
피로 젖은 자유들의
하늘 닿는 불길、
달려가며 멀어가는
골목 저쪽에
햇살 속을 아이들의
내일의 소리.
햇살 속을 다만 저
역사의 소리.

다시 밤에

가을과 바람결과 밤뿐이로다.
파도와 가슴팍과
별뿐이로다.
누워서 깎지 끼고 모래벌에 혼자
쏟아지는 저 별의 빛발
흩어져 동서남북
파도 흐느낌.
뿔뿔이 가고
파도와 모래벌과
별뿐이로다.
파도 속에 번뜩이는 밤의 燐光(인광)과
어둠을 질러가는
밤새의 울음
내일로 낮을 잇는 밤이 뒤척여
가슴이 세계 속에
어둠 속에 번지는
밤 가면 바다 저쪽 빛의 새는 오리.
누워서 깎지 끼고
모래벌에 혼자
가을과 밤파도와
별뿐이로다.

《고산식물》

뒷날의 기억을 위한 되풀이

이것들은 사람의 탈을 쓴 짐승이다.
사람의 탈을 쓴,
짐승이 사람의 탈을 쓴 짐승이다.

이것들은 포악하다. 날카로운 어금이빨
독이 묻은 발톱, 이글대는 눈,
피를 핥는 혀가 있다. 완강한 턱이 있다.

이것들이 날뛰는 낮과 밤에는,
이것들의 핏줄기는 우리들과 같다.
이것들의 난 곳은 우리들이 난 곳,
이것들은 밤에 산다. 낮에 산다.

쫓겨가는 양의 떼의 무너지는 울음,
짓밟히는 내일들의 하얀 뼈가 운다.
서로 잃고 뿌려지는 땅의 피가 운다.

이것들의 내일은 우리들과 같다.
우리들의 내일의 폭풍 속에는,
눈은 눈, 이는 이의 짐승 날나리
피의 저쪽 아침에서 새바다소리 온다.

아침 한때

뜰에 혼자 서성대는
아침 한때는
너무 높은 당신의 가까우신 호흡,

너무 푸른 푸르름 속에 빨려들게 하시네.
너무 부신 햇살 속에 증발하게 하시네.
너무 고운 꽃잎 속에 흘려들게 하시네.

귀에 이때 들려오는 당신의 노래,
살에 이때 닿아오는 당신의 손길,
넋에 이때 젖어오는 당신의 말씀,

뜰에 혼자 서성대는
아침 한때는
너무 따신 당신의 인자로운 눈길,

두리둥이 두 어깨를 날개 돋게 하시네.
두리둥이 발바닥을 영원 닿게 하시네.
두리둥이 두 손으로 빛을 잡게 하시네.

《고산식물》

고산식물 Ⅲ

鄉歌 (향가)

저절로 생각나면 당신 생각 하고
석양에 벌에 혼자 트럼펫 불고
꽃 지면 크게 취해 나동그라져 자고
서성대다 바닷가에 물장난치고
되도록 아는 말은 잊어버리고
불을 질러 펄럭거려 달빛 사루고
태양 열 놈 훔쳐내려 품에 길렀다가
심심할 때 밤에 모여 역적모의한다.

4월、젊음、내일

누가 4월을
죽음의 달이라고 말했을까.
누가 그 4월을
우리에게는 처음 열리려던
단 한 번만의 하늘이었다고
말했을까.

발짝 소리도 정확하게
이제 또
돌아와 우리 앞에
뜨겁고 정결한 심장으로 고동하는
의지、그리고
이념이여.

산으로 산맥으로 지층으로
푸르디푸르르게 젖어드는
몸짓、
싱싱한 생명들의
맑디맑은 젊음.

《고산식물》

아, 뻗어 올리는
내일에의 약동
지금은 누르는
지그시 안에 다져
지금들은 누르는
하늘로 절정하는
눈이 부신 힘.

누가 4월을 죽음의 달이라고
말했을까.
누가 그 4월을
우리에게는
단 한 번 있을 뻔한
처음 열리려던 하늘이라고
말했던가.

진달래 이 강산 어디에나 흐드러지고
해마다 4월이면
강새로 용솟음쳐
그렇다. 아, 우리들의 푸른 이념,
굽이쳐 어디에나 대지 적시는
그 미래 해마다의
무한 부활이여.

일제히 그 햇살 땅에 퍼붓고
나래치는 안의 금빛
불멸의 깃발

젊은 너희 순수 의지
눈이 부신 펄럭임,
바다여.
싱싱하게 뒤척이는
너희들의 내일이여.

되풀이 그 영원하는
겨레 우리 푸른 꿈
한 초점 가늠하는 스스로의 물 몸짓
4월을 그 汪洋(왕양) 속에
가슴 설레이는,

울린다. 아, 오늘 다시
심장 북 울린다.
오고 또 올 4월 젊음
내일 부풀린다.
하늘 파아란 저 영원 속을
가슴 두드린다.

《고산식물》

별밭에 누워

바람에 쓸려가는 밤하늘 구름 사이
저렇게도 파릇한 별들의 뿌림이여
누워서 반듯이 바라보는
내 바로 가슴 내 바로 심장 바로 눈동자에 맞닿는
너무 맑고 초롱한 그중 하나 별이여
그 샴빡이는 물기어림
가만히 누워서 바라보려 하지만
무심하게 혼자 누워 바라만 보려 하지만
오래오래 잊어버렸던 어린적의 옛날
소년쩍 그 먼 별들의 되살아옴이여
가만히 누워서 바라보고 있으면
글썽거려 가슴에 와 솟구치는 시름
외로움일지 서러움일지 분간 없는 시름
죽음일지 이별일지 알 수 없는 시름
쓸쓸함도 몸부림도 흐느낌도 채 아닌
가장 안의 다시 솟는 가슴맑음이여
어떻게도 할 수 없는 울고 싶음이여
어떻게도 할 수 없는 소리지름이여

나비의 죽음

지금도 나는 생각할 수 없다
날개에 어둠을
촉각에는 내일을
하늘 공간 펄럭이며 성벽을 넘어
조금씩 그 부신 볕에
가루 번쩍이던
지금도 나는 생각할 수 없다
숙여오던 너의 蛾眉(아미) 보드라운 전신
전신을 그 너를 앗은 알 수 없는 하늘
죽음의 그 진한 저쪽을 생각할 수 없다
지줄대던 새여
나에게선 나비여
날개에 적셔가던 바다의 저 어둠
그때 너 나를 훌러 어둠 건너려던
되돌아와 언제쯤 아침의 볕 그 바다
지금도 혼자 서서 너를 기다리는
죽음을 그 너를 나는 생각할 수 없다.

《고산식물》

가장 어질고 착한 이들의 눈에조차

가장 어질고 착한 이들의 눈에조차
튀는 불티
가슴에 품는 비수
폭양 그 구둣발의 자갈쇠의 지옥의
땅속에서 울음 울다 눈물 막히고
하늘에서 울음 울다 피가 막히고
가장 어질고 착한 이들의 심장조차
붕붕붕 부퍼올라 폭발 바로 앞인
폭양의 그 별살 사이 비수 번뜩이는
만세 기다리는
내일일지 내내일일지
전신의 그 뼈에 살에
잉잉대는 이 불티
하나씩의 가슴의 넋 독수리 운다.

蘭(난)에게

닿을 수도 없는 끝의 벼랑
별에서 별의 위로 가슴 조여오른
그 새벽 하늘 푸름
출렁이는 향기

옷깃을 그 어디에서도 만져볼 수 없는
가슴 너 반쯤 열린 별의 넋이여
서성대며 뜰에 혼자 오늘 이 새벽
먼 바다 너의 모습 정한 눈어림
바라보는 이마직에서 마음 부끄러워
뉘우침에 그냥 혼자 눈물 머금는다.

《고산식물》

가을 산

산을 올라가는 길에서나
산을 내려오는 길에서나

문득 서서 바라보는 저만치의 산은
어릴 때 그 햇볕 속의 그때 그 산 그리움

구름이 와 노닐다가 저 산 넘어가고
햇볕이 와 노닐다가 저 산 넘어가고

이만치 벌에 서서 맨발로 나 혼자
바라보던 먼 연봉 저녁 해거름

먼 산을 가을 넘어 기러기 가고
발밑엔 논두렁에 귀뚜라미 울고

맨발로 흙에 서서 먼 산을 보던
해거름에 혼자 서서 가을볕을 보던.

예레미야의 노래

그것은 일어나리
배암은 배암끼리
늑대는 늑대끼리
악어는 악어끼리
독수리는 독수리끼리
날개는 날개끼리
발톱은 발톱끼리
눈은 눈끼리
이는 이끼리
불은 불
칼은 칼끼리
일어나리.
바다에서도
산에서도
네거리에서도
뒷골목에서도
낮에도

《고산식물》

밤에도
새벽녘
해거름에도
일어나리.
혼자서 가다가도
둘이서 가다가도
열이서 백이서 만이서 가다가도
일어나리.
바다 밑
산꼭대기
사막
동굴 속
골짜기
들판
공동묘지
풀뿌리 나무뿌리
바위 엉서리
자갈밭
모래알 속에서도 일어나리.
댓돌에서 기둥뿌리에서
대리석에서 콩크리트에서
천정 지붕꼭지
피뢰침
지하실
날아가는 바람 속
햇볕살 속에서 일어나리.
하늘 구름 무지개

먼 별
별똥
쏟아지는 빗줄기 빗방울 속에서도
일어나리.
강의 저쪽
바다 저쪽
배에서 기체에서
물속에서도 일어나리.
개똥벌레 지렁이
꽁지벌레
쐐기
깔따귀에서도
일어나리.
천년이 하루
하루가 천년에서
지중해 태평양
북 남극
미시시피 에베레스트
바이칼에서 일어나리
티벳 니홍
아라비아 유우럽

《고산식물》

시실리에서 유황도에서
대륙 아시아에서
일어나리.
목성에서 천왕성에서
떠돌이별에서
일어나리.
그것은 아우성
그것은 무망의 소리
그것은 환호성
그것은 금나팔소리
내일의 소리
凱旋歌(개선가)로 패배의 노래로
으르렁거림으로 일어나리
절망의 노래로 희망의 노래로
무릎 꿇음으로 일어나리
눈물의 노래로 일어나리.
허공의 노래로
축제의 노래로
영원의 노래로 일어나리.
절망에서 뜨거움
밝음에서 눈멀음
어둠에서 밝음
질서에서 무질서에서
무에서 유에서
사랑과 미움
불멸과 멸
누구나의 억만 어제

억만 미래의
하늘 속
무한 바람 빛번개 속에서
일어나리.
일초의 억만 분의 억만 분의 일 그 속에서
천년의 억만 배의 그 억만 배의 그 속에서
무간지옥 죽음과
무한 영원 살음
일체 유의 무의 그 핵에서
새빛불 펄펄
일어나리.

《고산식물》

불사조의 노래

이제는 일어나야 할 때다.
이제는 잠자던 意識(의식)의 나뭇가리에 활활
불을 당겨야 할 때다.
이제는 죽은 듯 식어져 차가웁던 잿더미에서
푸드득 푸드득 不死(불사)의 새새끼들을
날려올려야 할 때다.
이제는 우리들의 정신 녹슬고 정체된 감정의
바다에
노한 파도 밑으로부터 소용돌이쳐 올라오는 힘,
잃어버렸던、까맣게 잊어버렸던 스스로의
힘들을 불러일으켜야 할 때다.
이제는 우리들의 나른하고 해이한 사상、
불투명하고 몽롱하던 관념、비겁하고 추종적이던
우유부단하고 무사안일주의적이던
도피와 방종、체념과 눈치와 아부로 썩어져가던
의지의 웅덩이로부터
헤어나야 할 때다.
이제는 어두워도 어두운 줄을 모르고 갇혀도
갇힌 줄을 모르고
거세를 당해도 거세를 당한 줄을 모르고
눈을 가리어도 귀를 막아도 사지를 묶어도 또
그런 줄을 몰랐던
그 비극에서 그 분노의 그 큰일 날 지경에서

그 죽음、 인간이 곧 짐승、 살아도 곧 죽은
것과 다르지 않던
그러한 처지에서 스스로 깨우쳐
날아올라야 할 때다.
죽은 듯 차가운 잿더미 속 어둠과
無力(무력)으로부터
패배와 포기로부터、 체념과 무관심으로부터
일어나
푸드득 푸드득 날아올라야 할 날개
한 마리 열 마리 천 마리 만 마리씩
우리들 의지들의 살아 일어나야 할 날개.
사나운 猛禽(맹금)이며 사납디사나운 하늘새의
칼새로서
죽지는 바로 바람 치달려 펄럭여 오르는
승리의 旗幟(기치)로서
어둠을 까마귀 채듯 기만을 들쥐 채듯
일체 악、 일체 非(비)를 쓸어버릴 때다.
무한 蒼穹(창궁)、 우리들의 하늘을 탈환할
때다.
눈으로는 눈을
부리로는 부리를

《고산식물》

발톱으로는 발톱을 노려
스스로 떨며 뛰는 악의 심장들
스스로를 피 할퀴는 악의 부리들
무한 횡포 무한 오만을 꺾어버릴 때다.
민족이여, 우리들,
잠자던 중에서、잊어버렸던 중에서
그 썩어짐에서 不正(부정)에서
그 잘못됨에서 어리석음에서
그 위기에서 망죠에서
이제는 날개 털고 일어나야 할
너무도 오래 억눌렸던
너무도 오래 시달렸던
너무도 오래 어두웠던 우리들의 역사
너무도 오래 박탈당했던
상처투성이 상처투성이 상처투성이의 자유、
그렇게도 가지고 싶었던
우리들의 평화
그렇게도 가지고 싶었던
우리들의 민주주의
그렇게도 가지고 싶었던
하나의 나라의 영원을
남북 자주 자유 통일
하나의 나라의 悲願(비원)을
아、이것 하나 못 이뤄 보랴
우리 겨레 능력
불붙이면 타오르는 겨레 얼의 그것
정신 속의 사상 속의 의식 속의 그것

죽은 듯 식어져서 차가웁던 잿더미에서
스스로는 몰랐던 그 푸르디푸른 생명의
深淵(심연)에서
한 마리 백 마리 천 마리 만 마리씩
불사의 새여
푸드득 푸드득
이제는 우리들의 날개를 퍼덕여 올려야 할 때다.

《고산식물》

해설 ─ 날아오름과 버팀의 의지

신동욱

시에 있어서 정서의 표출은 그 내용을 말하는 서정적 話者(화자)와 세계 사이의 관계와 깊게 관련되어 있으며, 그 못지않게 중요한 요건은 말하는 사람의 자세와도 불가분의 관계에 있다고 하겠다.

시집 《하얀 날개》를 보면, 시의 화자가 처한 현실세계가 기대하거나 희망하고 있는 것과 심히 어긋나 있음을 알려준다. 이러한 어긋난 현상 일반에 대하여 화자는 그의 믿음이나 느낌을 말하게 되는데, 〈비로소 당신 앞에〉와 같은 작품에서 보다 높은 정신세계를 지향함으로써 현실세계의 어긋남을 정신적으로 극복하거나 보상하려는 의지를 보여준다. 그런데 이렇게 어긋난 사실에 손을 대어 볼 수조차 없게 되었을 때 화자는 절대한 어떤 힘에 의지하여 그 부정적 세계가 匡正(광정)되기를 바라는 내용을 말할 수도 있을 것이다. 이를테면 종교적인 믿음도 그러한 예로 볼 수 있겠다.

그런데 다음의 경우를 보면,

이 영혼 바람 부는
벌에 혼자서,

절연되어 동서남북
헤맬 양이면、

사랑이어、 이 안의 귀를 어따 열어요.
뜨거운 이 가슴의 것을 어따 뿜어요.

(본문 20~21면)

이렇게 진술하여 「당신」이라는 존재가 화자인 나와의 관계가 절연되어 있음을 말하고 있는데, 이는 당신이라는 큰 존재와의 합치 속에서만 가치가 있게 되기 때문에 그 잃음을 노래한 것이라 하겠다. 가치의 상실이라는 점에서 현실세계의 어긋남은 이 화자에게 심각한 문제임을 엿볼 수 있게 한다. 말하자면 보람 있게 살아가지 못하고 또 사랑의 절대한 대상을 잃게 된 고통의 언어가 이 작품의 중심적인 뜻을 이루고 있다. 삶의 향방을 잃고 헤맨다는 진술은 행복이나 가치가 깨어졌다는 이야기이다. 이러한 국면에 처해 있을 때 화자는 절대자로서의 大主體(대주체)를 구원자로 생각할 수도 있을 것이고, 종교적인 大主宰者(대주재자)에 의지하려는 심리적 경향도 보일 수 있을 것이다.

해설

그렇게 상정하는 것은 인간의 능력과 한계가 일정한 테두리 안에 한정됨을 인식했을 때 그렇게 될 것으로 보이기 때문이다. 그러나 그렇다고 하여 시의 화자가 스스로의 능력을 발휘하지도 못하거나 발휘하려는 정열도 없이 큰 힘에 의존한다는 뜻은 아닌 것이다.

〈강〉이라는 작품을 보면 긴 밤을 작품의 배경으로 삼고 있는데, 「절벽은 땅의 윤리/부딪치며 휘도는」(본문 24면)과 같은 비유를 통하여, 우리의 삶의 현상이 이상적인 질서나 그 온전함에서 벗어나 비극적인 소용돌이로 인식되고 있는 것같이 형상화되고 있다. 절벽이라는 한계에 부딪치면서 흐름을 유지하는 삶의 모습을 화자는 비유적 처리를 통하여 그 논리를 밝혀내고 있다. 곧 절벽은 고착되어 굳혀진 힘의 상징이고 흐름은 유동적이고 발전하려는 힘을 암시한다고 하겠는데, 이 두 힘은 서로 용납지 못하는 의미를 담고 있는 듯이 보인다. 말하자면 이상적인 것과 세속적인 것의 의미로 암시된 듯하고, 또 나아가 고정된 것을 뛰어넘어 어떤 희생을 치르더라도 생성을 위한 역사적 흐름이 필연적으로 요청된다는 암시도 포함된 것 같다.

문학에서의 화자는 대개 일반적으로 관찰자의 자리에 기울었거나 사색인의 면모를 지니지만, 이 작품들에서는 지시하고 일깨우는 기능에 더 기운 듯한 인상이 짙다. 이 작품에서도 「살처럼 박혀오는/별의 눈짓에」(본문 24면)라는 삽입은 강의 흐름의 일정한 향방을 알려주는 뜻이 있다고 하겠다.

〈장미〉 연작시편들에서도, 비속한 사물과 순연한 것이 휩싸여 공존하는 의미의 틀에서 삶의 양상을 파악하고 있음을 보여준다. 그러나 이러한 사색적인 관조의 세계가 靜的(정적)으로 고정된 것이 아니라, 대상과 삶을 운동의 모습으로 파악하고 있다는 점에 유의해야 할 것이다. 이 점이 박두진 시인의 한 특징이라고 할 것이다.

흔들리며 조금씩 꿈을 일쿠면
사색의 그 층겔 돌아
旗(기)를 올리면,
돌아오리. 언젠가는 햇살의 나라
햇살 속의 아침의
시민들의 함성
옛날의 그 미래에로 미래에로 파닥이는
소년들의 날개의
하얀 환희여.

(본문 32면)

장미의 식물적인 순수에서 가치의 온전함과 밝음의 성취라는 이념의 승리를 읽고 있는바,

화자의 내적인 劇(극)을 읽을 수 있다. 이때의 꽃은 그러한 정신적인 극을 상징하는 것이며, 동시에 운동의 주체적인 가치가 되기도 한다. 꽃의 순수와 시민적인 삶의 가치가 동질화되었다. 말하자면 시민적인 가치 성취를 이야기하면서 그 반대쪽인 어둠을 극복하려는 겨룸의 극으로 이해할 수 있다. 이러한 논리는 슬픔이나 잃음의 아픔을 지양하는 詩學(시학) 또는 시 정신의 한 모습으로 보이는데, 아마도 이 시인의 독자적 서정 양식이라고 필자는 보고 싶다. 절망 속에 빠져 있으면서도 화자는 그 절망으로부터 새로운 가치를 성취하려는 強靭性(강인성)을 집요하게 나타내고 있다. 그의 작품에서 자주 되풀이되어 나타나는 해의 의미는 삶의 궁극적인 원리로서 기능을 다하고 있지만, 그 못지않게 중요한 시적 요소로서 화자의 강인성과 지속성을 보여주고 있다. 그것은 닳아 없어지지 않고 쇠하여 사라지지 않는 해와 같은 시인의 정열이라고 할 것이다. 〈7월의 편지〉에 보면,

7월의 태양에서는 사자새끼 냄새가 난다.
7월의 태양에서는 장미꽃 냄새가 난다.

(본문 33면)

와 같이 말하여, 꺾이지 않는 의지와 거세고 활기찬 삶의 의욕을 암시하고 있다. 더운 열정과 순결의 의미가 감각적으로는 서로 어긋나는 이질적인 사물의 병치에서 얻어지고 있다. 그러나 이 두

사물의 이질감은 순수한 힘 또는 순결한 의지나 순결한 용맹을 이면적으로 동질화하고 있음을 깨닫게 된다. 이러한 깨끗하고 거센 용맹은 그의 초기 시의 〈화염〉의 심상들과 맥을 같이하고 있음을 쉬이 알 수 있다.

〈섭리〉라는 작품에서도 순결한 것과 야비한 폭력이 맞선 상태를 표현하고 있는데, 그러한 상황을 보고 있는 화자가 그 국면을 극적으로 제시함으로써 독자들의 일상성에 묻힌 의식을 일깨우고 있는 것 같다.

너는 바람에 불려서
흩날리고
아침 강
떠내려가는 너를 나는
굽어보고 있다.

(본문 34면)

거센 바람에 밀려 「흩날리고」있는 존재를 제시하는 대목이라 하겠다. 이어 화자는 떨어지는 꽃의 불가피한 사정을 다음과 같이 말해 주고 있다.

해설

즉

바람에 견디다가 안깐힘하다가 지는
어쩌지 못해서 떨어져 나가는
꽃자죽의 아픔,
피에 맺힌 너의 상처를
이젠 알겠다.

그 떨어져 간
빠알갛게 피가 도는 상처를 밀고 나와
풋풋이、그리고、
단단하게 맺혀가는 푸른 열매여.

(본문 34면)

꽃이 저 스스로가 아니고 밖으로부터의 힘에
밀려서 떨어지는 현상을 빌려、삶 일반에 적용되는
내면적인 뜻을 밝히고 있는 작품으로 볼 수 있다.
그런데 바람과 꽃의 겨룸의 뜻을 말하면서도 꽃을
의인화하였으므로 그 뜻은 삶 일반으로 번지게
된다. 아픔의 끝에서 열매가 열린다는 사실의
지적도 삶의 양상을 암시하기에 족하다 하겠다.
우리의 삶이 자연현상과 동질적인 관계에 있고
자연의 순환 현상과 삶의 짜임도 유사하다는
일깨움을 준다고 하겠다. 앞에서 지적한 바와 같이、
이 시인에게 밝음과 어둠의 겨룸、사는 것과
죽는 것、순결한 것과 비루한 것의 대립적인 의미
조직은 되풀이되어 나타나고 있다. 그러한 되풀이의

정신은 실상 우리 삶이 포함하고 있는 비가치가 광정되지 못하고 되풀이하여 답보상태에 있다는 사실에 기인한다고 볼 수 있겠다.

죽여도 다시 살아 하늘 날으는
검정새에게
싸우다가 찢기워진 피 묻은 날개
싸우다가 생채기진 둥근 가슴을
피에 젖어 가둥크린
작은 두 발을.

(본문 38면)

인용한 작품은 〈절정〉의 일부인데, 부정적 가치의 되풀이되는 활성화와 그와 대립적 관계에 있는 약한 새의 패배의 양상이 명확히 다루어지고 있음을 보게 된다. 그런데 이러한 패배에서 비탄의 말이 나오기보다는 냉엄한 시인의 시선이 지속되고 있음에 주의할 필요가 있다. 말하자면 비가치에 대응하는 시인의 지속적이고 저력 있는 자세를 볼 수 있는 것이다. 鄭圃隱(정포은) 선생의 어머니께서 가마귀와 백로의 가치가 서로 맞겨루는 양상을 詩化(시화)하여 삶의 극적인 운동의 모습을 적절히 형상화한 적이 있음은 널리 알려진 사실이다. 이러한 창조적 전통은 비록 단순한 대립 구조로 삶을 파악하고 있다는 결함이 없지는 않으나, 근본적으로 가치의 양분법은 혹과 백처럼 명확성이 있다고 하겠다. 아무리 삶이 복잡하게 얽히고설킨 짜임이라 하더라도 가치의 양분법적 대립 구조는 쉽사리 부정될 듯싶지는 않다. 사실 이러한 긍정과 부정의 대립 구조는 우리의 내면적 모순이라는 감추어진 구조와 관계된 것임을 알 수 있다. 이 감추어진 짜임은 어쩔 수 없이 밖으로 드러난 짜임이나 양상을 통하여 들여다보게 된다.

이 시집에서 자주 나오는 날아오르려는 의미도 실상은 현실의 어려움이나 질곡에서 해탈하려는 상승적 지향이라고 하겠는데, 그것조차도 알고 보면 우리 삶의 내적 짜임이 이룬 모순이나 불합리로부터의 날아오름인 것으로 풀이된다. 문화나 관습이나 도덕이 포용하고 있는바 삶의 나타남조차도 내적 불합리라는 모순의 논리를 그 자체가 안고 있는 것같이 보인다. 그러나 시인은 생채기와 찢기는 아픔을 감내하면서도 그러한 모순을 이기고 순수와 이상의 세계로 지향하며 새로운 가치 질서를 획득하고자 한다. 여기에 시인의 비극적인 역설이 숨어 있다고 할 수 있다. 이처럼 날아오를 수 없는 현실적 존재인 동시에 현실의 모순을 부분적으로도 시인하지 않고는 살 수 없는 존재이면서도 이상적인 가치 질서를 끊임없이 꿈꾸고 제시하는 것이 시인의 사명이라 할 수 있다.

시집 《고산식물》에도 이러한 날아오르려는 의식은 되풀이된다. 이 시집에 수록된 작품들은 1960년대 후반에서 1970년대 초에 걸쳐 만들어진 것들인데, 이 시기의 시대적 특질과 대조되는 詩業(시업)이라고 생각된다. 순결한 것들이 더럽혀지는 모습이나, 강풍에 지는 꽃의 현상을 인식하는 일이나 모두가 그 원래의 온전성이 훼손됨을 괴로워하고 애석해하는 사랑의 發露(발로)라고 할 수 있다. 〈예루살렘의 나귀〉 같은 작품에서 원래적인 행복이 제시되고 있는데, 인간은 의식과 지혜와 심령을 가지고도 그 원래적인 행복의 온전함을 지닐 수도, 거기에 도달할 수도 없는 비극적 사태에 놓여 있음을 자각한 내용이라 하겠다.

아무것도 모르고
아무것도 모르고 신이 났던
네 등에는,
가난한 사람들의 임금님

해설

사랑의 임금님을 처음 태워
백성들이 환호하는
예루살렘 거리
길바닥에 벗어 펴는 옷자락을 밟고
나귀야,

(본문 112면)

인용된 시구에 보이듯이 의식 없이도 원초적인 기독교의 가장 중심적인 가치에 동질화되어 있다. 화자는 차라리 나귀와 같이 동질화된 행복을 선망하지만, 우리 시대 혹은 시인의 시대는 절대자의 모습이 이미 숨이 세계에 접어들었고, 그 숨은 시대의 역설과 반어현상을 반복하여 되뇌고 있는 것이다. 원래의 온전함이 훼손되고 가려진 시대의 삶의 모습과 부조리를 시인은 노래하고 독자는 그 깨우침을 받게 되는 것이다. 이와 같이 거대한 역설과 모순의 논리를 이기고 원래의 온전함으로 복귀 또는 회복시키는 작업은 거대한 비극적인 인식이라고 할 수 있다.

이 시인의 세계에서 자주 보이는 바다와 거센 물결의 의미도 창조의 진통을 상징하는 운동으로 형상화되고 있는 듯 보인다. 파도는 그 자체로는 저 혼자서 일지 않는다. 바람의 역학 작용에서 이는 자연현상이다.

파도는 말없이 기슭을 두들기고
눌러도 치밀어 오르는 가슴 속 이 불길.

(본문 115면)

이와 같은 구절에 보이듯이, 자연과의 교감에서 시인은 시대의 분노를 읽어내고 그것은 화자의 의지나 정열로 귀납될 성질의 시상이기도 하다. 〈4월〉에서 강은 창조의 의미로, 〈언덕의 바다〉에서도 생성의 의미가 보인다.

아마도 이 시인에서처럼 풍성한 자연 인식을 통하여 삶의 본질을 형상화한 예도 많지는 않을 것이다. 실패와 아픔의 경험을 견디면서 성취의 시상으로 형상화한 시인으로서 우리 시대의 한 정신적 지표를 보인 시 세계라고 말하고 싶다.

그리고 그는 어려움을 견디고 끝없이 날아오르려는 의지의 시인이기도 하다.

경기도 안성 출생.

〈향현〉〈묘지송〉〈낙엽송〉〈의〉〈들국화〉 등의 작품으로 《문장》에 정지용 시인의 추천을 받음.

조지훈, 박목월 시인과 3인 시집 《청록집》 출간.

시집 《해》 출간.

시집 《오도》 출간.

제4회 아세아자유문학상 수상.

수상집 《시인의 고향》 출간. 연세대 조교수 부임.

시론집 《시와 사랑》 출간.

《한국전래동요찬본》 출간. 시집 《거미와 성좌》 출간.

제12회 서울특별시문화상 수상. 시집 《인간밀림》 출간.

《청록집·기타》와 《청록집 이후》를 박목월, 조지훈과 함께 출간. 시집 《하얀 날개》 출간.

수상집 《생각하는 갈대》, 시론집 《한국현대시론》 출간. 이화여대 부교수 부임. 3·1문화상 예술상 수상.

연세대 교수 재부임.

수상집 《언덕에 이는 바람》, 시집 《고산식물》, 《사도행전》, 《수석열전》, 시론집 《현대시의 이해와 체험》 출간.

제21회 대한민국예술원상 수상. 시집 《속·수석열전》 출간.

시집 《야생대》 출간.

1916년 3월 10일
1939년
1946년
1949년
1953년
1956년
1959년
1960년
1962년
1963년
1967년
1970년
1972년
1973년
1976년
1977년

박두진
연보

시집《포옹무한》출간.

연세대에서 정년퇴직.〈박두진 전집〉시 부문 전10권 출간. 단국대 초빙교수 부임.

시집《별과 조개》,《하늘까지 닿는 소리》,《기(旗)의 윤리》출간.

시집《수석연가》출간

추계예술대 전임대우 교수 부임. 수상집《돌과의 사랑》출간. 수상집《그래도 해는 뜬다》, 시선집《일어서는 바다》출간.

시선집《불사조의 노래》출간.

제2회 인촌상 수상.

제1회 지용문학상 수상

수필집《햇살, 햇볕, 햇빛》출간.

제15회 외솔상 수상.

〈박두진 산문 전집〉출간.

〈박두진 문학정신〉전7권 출간.

제1회 동북아 기독문학상 수상.

신촌 세브란스병원에서 별세.

유고 시집《당신의 사랑 앞에》출간.

동시집《해야 솟아라》출간.

*박두진은 예술원 회원에 추대된 바 있으나
군부독재 정권의 혜택을 받을 수 없다 하여
문민정부가 들어선 후에야 수락했다.(편집자)

1980년

1981년

1982년

1984년

1986년

1987년

1988년

1989년

1991년

1993년

1995년

1996년

1997년

1998년 9월 16일

1999년

2014년

박두진
연보

박두진
시 전집 3

The Complete Poems of
Park Doojin 3

2018. 3. 23. 초판 1쇄 인쇄
2018. 4. 13. 초판 1쇄 발행

지은이 박두진
펴낸이 정애주
펴낸곳 주식회사 홍성사
등록번호 제1-499호 1977. 8. 1.
주소 (04084) 서울시 마포구 양화진4길 3
전화 02) 333-5161
팩스 02) 333-5165

홈페이지 www.hsbooks.com
이메일 hsbooks@hsbooks.com
페이스북 facebook.com/hongsungsa
양화진책방 02) 333-5163

ⓒ 이희성, 2018

- 잘못된 책은 바꿔 드립니다.
- 책값은 뒤표지에 있습니다.
- 이 도서의 국립중앙도서관 출판예정도서목록(CIP)은 서지정보유통지원시스템 홈페이지(http://seoji.nl.go.kr)와 국가자료공동목록시스템(http://www.nl.go.kr/kolisnet)에서 이용하실 수 있습니다.(CIP제어번호: CIP2018008609)

ISBN 978-89-365-1281-1 (04230)
ISBN 978-89-365-0548-6 (세트)

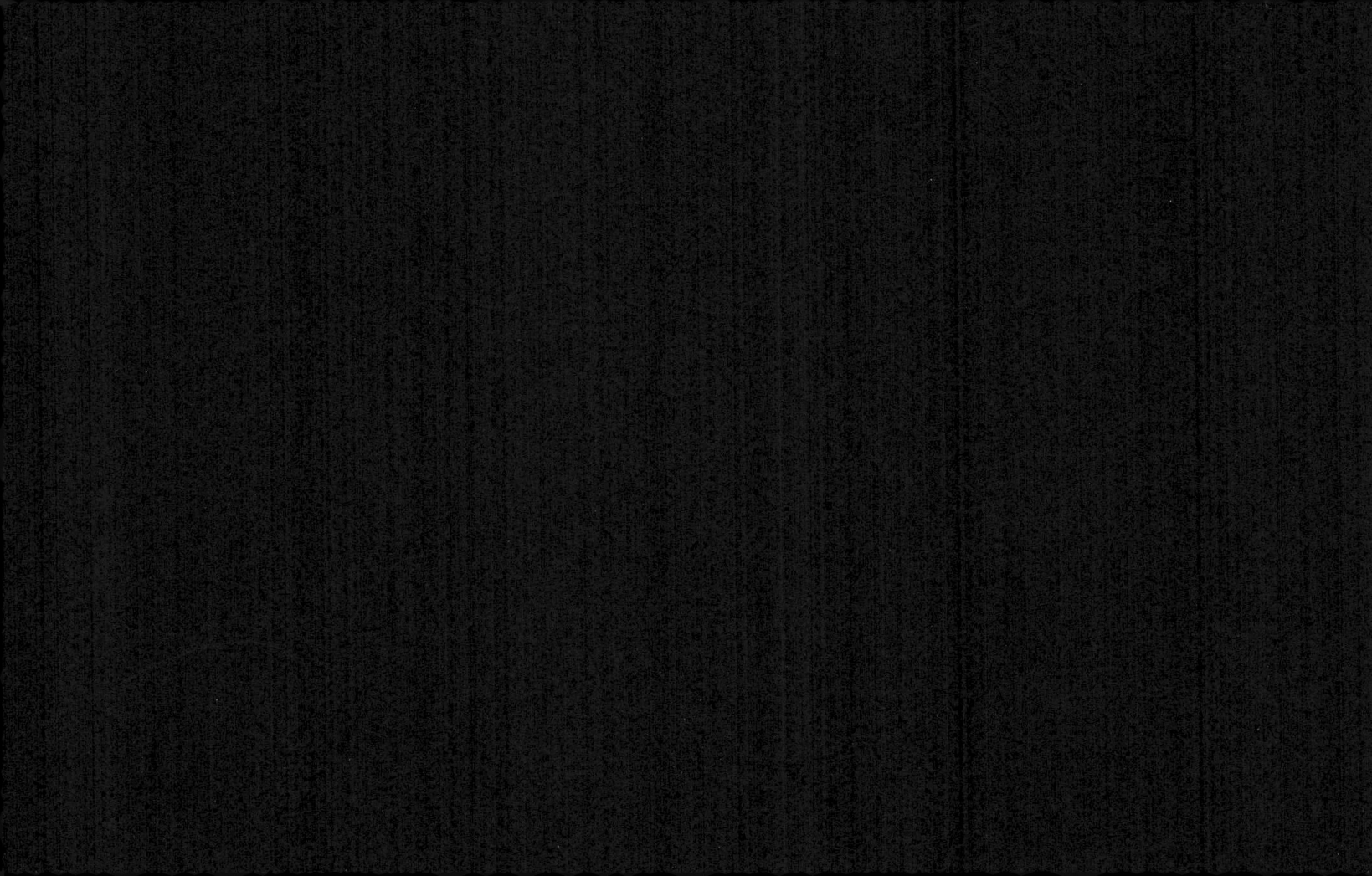